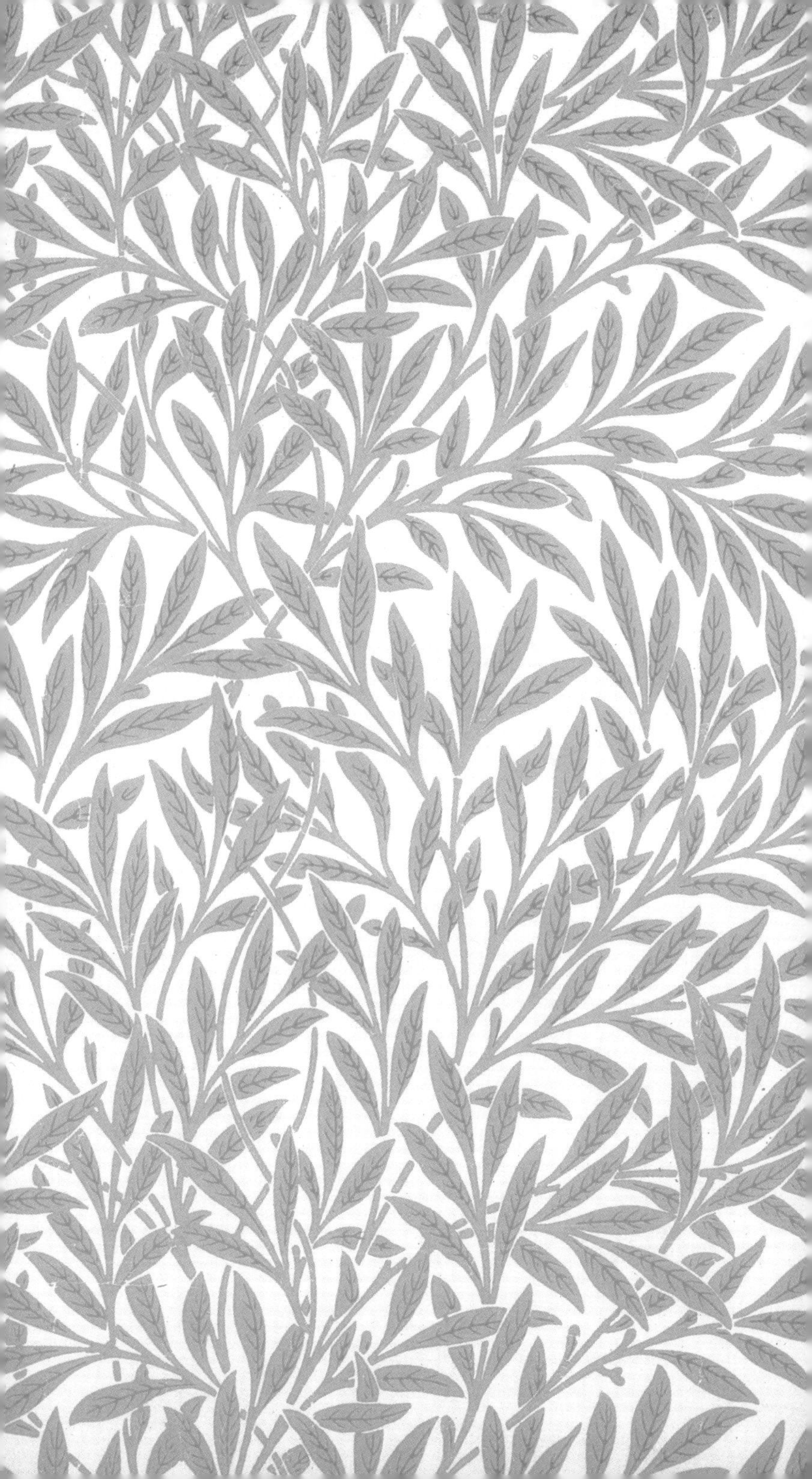

三民叢刊284

我的回憶

謝冰瑩　著

三民書局印行

國家圖書館出版品預行編目資料

我的回憶／謝冰瑩著.－－三版一刷.－－臺北市：三民, 2016

面； 公分.－－(三民叢刊:284)

ISBN 978-957-14-6175-5 (平裝)

1. 謝冰瑩 3. 傳記

782.886　　105011617

著作人　謝冰瑩
發行人　劉振強
著作財產權人　三民書局股份有限公司
發行所　三民書局股份有限公司
地址　臺北市復興北路386號
電話　(02)25006600
郵撥帳號　0009998-5
門市部　(復北店) 臺北市復興北路386號
(重南店) 臺北市重慶南路一段61號

出版日期　初版一刷　1967年11月
三版一刷　2016年11月
編號　S 780180
行政院新聞局登記證局版臺業字第〇二〇〇號

ISBN 978-957-14-6175-5 (平裝)

http://www.sanmin.com.tw 三民網路書店

【新版說明】

本書所述無論是回憶學生時代的浪漫情事，或是懷念鄉土故人，甚至感歎貧病交迫的悲苦，謝冰瑩女士皆以流暢自然的文字，輕鬆而略帶幽默的筆調，寫來細膩真摯，深刻動人，是值得學習的白話文學作品。其中勾勒出舊社會的輪廓與戰時的艱困，亦可佐參歷史。

冰瑩女士生長於書香之家，但由於當時民風保守，傳統重男輕女的觀念根深柢固，她的母親認為女子只要能識字懂會計，足以掌理家務即可，因此，反對她在私塾之後繼續升學。當時年紀輕輕的冰瑩女士不惜絕食三日三夜，以性命爭取進一步求知的機會。

十二歲進大同女校，開始接觸西洋小說，思想逐漸得到解放，時代的革命精神更喚醒她體內對抗封建思想、反抗傳統禮教的激越靈魂。因不願接受父母在她三歲時為她訂下的婚約，半年之中，三次逃家，皆未成功。後來藉受聘為學校教師的機會，離開夫家，並在報紙上刊登離婚啟事，解除婚約，掙脫束縛，追求自由和愛情。

冰瑩女士用生命的力量，逆轉封建禮教的漩渦，甘冒世之不韙，只為在平等的藍天下呼吸自由的空氣，可說是現代女性主義的先驅。現今社會雖講求男女平權，然而在家庭、學校和社會各個層面，男女之間該如何自處、對待，許多地方仍有待思考與重建。冰瑩女士所展現的精神與人格，正可給予我們深刻的啟發。

本書原收在「三民文庫」，因舊版開本、字體較小，茲值再版之際，特予重新編排，使適於閱讀，以廣流傳。

三民書局編輯委員會謹誌

我的回憶

目次

平凡的半生

湖南新化謝鐸山，那山水最幽美的地方，便是我的故鄉。祖父業農，曾經自己挑了擔子送父親去趕考。喜歡喝酒，性情豁達，常常說：「今日脫了鞋和襪，不知明日穿不穿！」果然，在某一個晚上，他無疾而終了。

父親有過人的理解力及記憶力，在我們故鄉，他有一個綽號，叫做「活字典」。不論誰有什麼關於古籍上的問題去請教他，他會詳詳細細地告訴你這句成語出自何經何典。他在新化縣立中學連任三十多年的校長，桃李遍三湘，著有詩集及《覆瓿文存》三十多種，是一個學不厭，教不倦的老學者。

自從丙午年（一九〇六）九月初五，母親經過三天三夜的苦難生下我以後，這世界便多了一位飽受折磨的女人。過去有一個時期，我曾埋怨造物者太無情，使我降生到人間，從幼年、少年，到青年、中年，沒有享受過人生的快樂和安逸；可是現在我卻要感謝它了，它使我飽經滄桑，有豐富的生活經驗，這在寫作上，的確是一筆不少的財富；更使我高興的是四十年來，因為寫作的關係，我獲得了海內海外無限量的友情。這種由共鳴而發生的感情，是普遍的，永恆的，也是最珍貴的。

以下我將忠實地寫出我的生活和寫作的關係，在詞句方面，我沒有時間也不想怎樣去推敲，我希望朋友們原諒我的直率。

母親教我作文

我第一次進大同女校讀書，並沒有經過入學考試。我記得很清楚，那時學校只有甲乙兩班，周老師和母親談過話以後，認為我可以隨甲班聽講，如果趕不上，再降到乙班。我看了看甲班的課本，除了國文，什麼都看不懂，算術連阿拉伯數字都不認識，叫我如何去加減乘除？我向周老師請求入乙班，她說：「那是很小的孩子讀的。」那時我已經十二歲了，長的個子和現在一般高，不好意思讀乙班，就在甲班聽講：第一堂便是作文，老師寫了「菊花」兩個字在黑板上面。

我看了題目，嚇得發呆，腦子裡空空洞洞，一無所有，根本無從下筆。在家裡，儘管我能背一百多首唐詩和四書一部分，但父親從來沒有教我作過文章。

「媽，這個題目，我不會作，怎麼辦？」

我輕聲地問坐在我旁邊的母親。

「我們家後花園裡不是有很多菊花嗎？你先寫它們的顏色有紅的，黃的，紫的，白的，還有一種黑的叫做墨竹，拿來泡茶，可以治眼病，再寫陶淵明是最愛菊花的，因為它能耐寒，不怕風霜雨打……」

這篇文章我可以坦白地說，完全照母親的話，一字不漏地筆錄下來；不會寫的字，我就空一格，像「淵」字，當時我就記不起來；倒是「采菊東籬下」的詩，我是聽父親唸過的。

「告訴你，孩子，寫文章，先要有材料；我以為菊花，你在花園裡看過很多，一定會寫的，哪曉得你簡直不會動筆；不要害怕，以後多練習幾次，你就會寫了。」母親教導我。

過了一天，她回家了，我又高興，又害怕。高興的是：母親走了，我可以和同學們大跳大笑；害怕的是：遇到作文，再沒有人這麼仔細教我了。好在第二次出的是「我的母親」，這個題目太好寫了，我把媽不讓我上學，我哭了三天三夜的事寫出來。老師看了很受感動，批改過之後，還在句子旁邊打了許多圈圈，給我一個甲上。

「新來的學生就得甲上，她的作文好棒啊！」

周老師的女兒祚芳這樣在同學裡面向我開玩笑。

我的啟蒙老師

最初教我識字的是父親，教我背熟很多唐詩和隨園女弟子詩，希望我「史續蘭臺祈異日」的也是父親；可是我太愚笨了，對於舊詩詞，我只有欣賞的興趣，而無發表的能力。自從讀了《水滸傳》和《世界短篇小說集》之後，我便愛上了語體文。在這方格子的園地裡，我曾經耕耘了四十多年，流過不少的汗，也灑過許多的淚；可惜沒有什麼成績，說來真是太慚愧了！

第一個引導我走上閱讀世界名著之路的是我的二哥。民國十年，我考進了湖南省立第一女師，二哥經常來信指導我。他說：

「讀書貴在能消化，你能夠把別人作品中的精華，吸收到你的腦子裡去，就會使你的作品得著了營養。多讀不如精讀，做學問功夫的人，只有虛心，才能進步；絕對不能目中無人，自高自大。」

「大智若愚」，「虛懷若谷」，也是父親常常拿來教訓我們的。當時我有機會做管理圖書的助理員，下課之後和星期天，我都把時間消磨在書本上。開始寫讀書筆記時，我嫌太花費時間，太麻煩；但我又想：不養成一個寫筆記的好習慣，書看完之後，過了很久，就會忘記，甚至連書名和作者的姓名也許都記不清了，唯有靠筆記，是最好的保存記憶的方法。我的筆記本子很多，有閱讀方面的，也有寫作方面的；起初都用英文練習簿寫，後來改用活頁，就方便得多了。

在女師，我有許多值得回憶的事情，最有趣同時也是最感困擾的是讀書問題：學校規定晚上九點半鐘熄燈就寢，我常常在同學們熟睡之後，偷偷地燃了蠟燭看書。有一次，差一點引起火災，從此我不敢冒險了。於是改變主意，跑到廁所去看，寧願忍受著難聞的臭味，這裡倒是一個最安全的地方，校長和舍監都不會來查。

可是太不方便了，燈是吊得那麼高，光線又那麼黯淡，我只好在椅子上面再放一條凳子，然後坐到凳子上面去看。

幾個月後的一個晚上，忽然聽到有輕輕的腳步聲自遠而近，不像平時同學的步履聲，到了門口，那聲音忽然停止了。我有點害怕，以為是鬼，正想下來看個究竟時，突然發現校長站在我的椅子旁邊。

「你——你為什麼不聽話？為什麼要犯規？全校只有你一個人這麼叫我生氣！下來！給我看看你手裡的書！快！快！」

我的天！這時我已經嚇得魂飛天外，差一點從凳子上一個跟斗栽下來了。我戰戰兢兢地把書送到校長手裡，他一看是狄更斯的《塊肉餘生錄》，便問道：

「這倒是一本有名的書，你告訴我，它究竟有什麼魔力能夠吸引你日夜讀它？」

「這是一部作者的自傳，敘述他一生的奮鬥經過情形，我很佩服他！」

「好！好！這是一部好書，你可以看；但是身體要緊，你不能犧牲睡眠哪！」

聽了校長的話，我只好乖乖地去睡覺，此後我唯有轉移陣地了。

在這時期，每年寒暑假回去，父親一定早晚教我唸古文；二哥卻教我閱讀世界名著；三哥編報紙副刊，鼓勵我投稿，為我修改，他們都是使我走上寫作之路的原動力。

第一本書

《從軍日記》，是我出版的第一本書，每逢朋友提到它，我便臉上發熱。以現在的眼光看來，的確太幼稚了！試想以一個不滿二十的女孩子，又沒有文學天才，更不懂得寫作的方法，只是忠實地把我當時的所見、所聞、所想的寫出來，寄給《中央日報》的副刊主編孫伏園先生；我絕對不敢奢望發表；但他卻把每一篇都刊登了出來，最難得的是林語堂先生還把它譯成英文發表，引起了國外作家的注意。飲水思源，假如沒有他們的獎掖與鼓勵，我想，我一定沒有自信，沒有勇氣走上這一條路的。

感謝這一年不平凡的從軍生活，使我的意志鍛鍊得更堅強，養成我吃苦耐勞的習慣。《從軍日記》裡面的文章，大半是靠著膝蓋寫成的。這本不成熟的小冊子，以後又被譯成英文、日文、法文和其他幾種文字，在寫作上給我開闢了一條道路，使我戰戰兢兢地走到現在還沒有達到目的。

在上海亭子間裡苦讀的那一段生活，我不想再回憶了。現在我喜歡喝白開水，還是那時候由於喝自來水的習慣養成的。

在考上北平女子師範大學之前，我和朋友曾主編過一個時期的報紙副刊，從許多作家的作品中，我學到了一些寫作的技巧。一個沒有見過海洋的人，是不知道海洋無邊無際的；看到作家們的心血結晶，和他們那種推敲修改的痕跡，我越發感到需要下一番真功夫，才能寫出可讀的文章來。

在女師大那一段生活，是最值得回憶的：

這真是一個能代表中國禮義之邦的文化古城，人民生活純樸，有禮，勤儉，上進；凡是我們耳聞目覩，都有很高的格調，就連人力車夫，也把「您好！」「明兒見！」當做口頭禪。除了極少數的例外，一般男女老少，都穿著一件陰丹士林長衫。記得初到臺灣，我的箱子裡，只有藍布衫，一直到前幾年，才敢穿免燙的衣料。

在這種樸素、雅靜的環境裡，我才能把全副精神專注到讀書和寫作上去。繼《從軍日記》之後，出版了一本短篇小說集——《前路》；散文集——《麓山集》；長篇小說——《青年王國材》；還有一本《青年書信》。

靠了這幾本書的稿費，我才第一次搭上開往神戶的輪船。

兩次留日，使我最傷心的是：不是學業沒有完成，而是受盡了氣，受盡了侮辱，真是多災多難，令人傷心！第一次遇上「九一八」事變，我與同學組織抗日救國會，遭到被遣送回國；第二次，又遇著溥儀朝日，我不去歡迎他，日本警察就來逮捕我，關了三個星期才放出來。

在監獄裡，我把生死置之度外，整天只是想著出獄後的工作，我絲毫不悲觀，腦子裡經常出現的人物是岳飛、文天祥、史可法、林覺民、秋瑾、孫總理……他們；我想假如我能為愛國而犧牲，實在是太光榮了。出獄以後，我寫了一本《在日本獄中》。

《女兵自傳》

出版《一個女兵的自傳》，已經是第六本書了。當我從東京回國的時候，上海良友圖書公司要出版一套文藝叢書，主編人一定要我參加一本；他看見《從軍日記》的銷路不錯，賣到了十幾版，於是出了個「女兵自傳」的題目要我作。起初我沒有計劃，先把在日本獄中的生活寫了幾段寄給《論語》雜誌；不料發表之後，接到許多讀者來信，對於〈補襪子〉，〈鐵窗外的陽光〉幾篇文章，發生很大興趣，要我趕快出書。這時，我已答應良友寫《女兵自傳》了，於是兩本書同時下筆，計劃一星期寫《女兵自傳》，一星期寫

《在日本獄中》。在這一段時間裡，我的精神有時興奮，有時苦痛，因為我等於再體驗一次我的過去生活；我要重新嘗一遍那些快樂和痛苦，自由和壓迫，積極和消沉，才能寫出感動我，感動讀者的文字出來。這時，我完全與外界隔離，只關起門來在房子裡寫作。有時寫到有趣的地方，我會哈哈大笑；有時寫到悲傷的地方，我就哭泣一場，讓眼淚流個痛快之後，再繼續寫。

我的求知慾特別強，這從我小時候為了要進學校讀書，母親不答應，我就絕食三天三夜這件事可以看出來。

我愛讀書，自然也最喜歡買書，每次上街總要逛一次書店，不帶一兩本書回來，便感覺不滿足。

參加抗戰

震撼全世界的蘆溝橋事變發生了！我國發動了全面抗戰。我有機會組織「湖南婦女戰地服務團」，隨軍南下，從事救護傷兵工作，真是太高興了！我的足跡到過第一、第三、第五、第六、第十各戰區，對國家，總算略盡了一點國民的義務；同時心中的積憤，也算解除了不少。

從民國二十九年到三十二年，我在西安主編《黃河》文藝月刊，這是當時西北僅有的純文藝刊物；以文會友，認識了許多年輕力壯的青年作者，現在都已經是著名的老作家了。

這時我寫作的興趣特別濃厚，出版了下列幾部書：《新從軍日記》、《在火線上》、《戰士的手》、《第五戰區巡禮》、《姐姐》、《梅子姑娘》、《寫給青年作家的信》、以及《抗戰文選集》。可見一個偉大的時代，是能供給從事寫作者以無限材料的，只要你能仔細觀察，留心搜集，是不愁沒有東西可寫的。

後來回到成都執教，《黃河》也隨之停刊了。三十五年，又在北平復刊，朋友笑說黃河改道。第二年，我應臺灣省立師範學院之聘來到臺北，《黃河》又停刊了，現在回想起來，還覺得可惜！

三十四年抗戰勝利後，我最早到了漢口，被朋友留住，擔任《和平日報》及《華中日報》的副刊主編，還創辦了一個幼幼托兒所。我愛孩子的純潔天真，從事兒童文學寫作的志願，也是這個時候開始萌芽的。

這時，我生平第一次冒險借錢出版《女兵自傳》中卷，鬧了不少笑話；書送到店裡代售之後，收不到錢，有時收回三四塊，而付出的車錢多至兩三倍；最後，要去北平了，還有兩百多本書款沒有收回，只好犧牲不要了。

三十五年，應母校北平師大之聘，講授「新文藝習作」；三十七年來臺，除了教國文外，仍然開這門課，至今已二十年了，我的興趣與日俱增，過去是選修，今年從本學期起，改為必修了。眼看著同學們由投稿而出書，由退稿而徵文入選，漸漸成為知名的青年作家，我的高興和安慰，真是不能以言語文字形容。

對於寫作，各種體裁我都想學習；青年時代，曾經學寫過舊詩、新詩、劇本，還寫過一部分鏡頭的電影腳本〈踩出來的路〉，三十七年發表於《中央日報》副刊。散文、小說、兒童故事，我都喜歡寫；可是沒有一部是寫得好的。

「在你的作品裡面，你最滿意的是哪一部或哪幾部？」

曾經不知有多少人當面或寫信來向我問起這個難題。老實說，我無法回答。別人都說敝帚自珍，文章是自己的好，我從來沒有這種觀念。我從心坎裡佩服別的作家，總覺得自己寫的不成文章，只是一堆未曾經過琢磨的粗硬石頭，或者是一束長在深山裡的青青野草，看來很自然，其實太缺乏藝術的剪裁了。

「文如其人」這句話，我想大概是對的。我為人處世只有三個字：「直」、「真」、「誠」，寫文章也是如此。小說、散文裡面的材料，大多數是在許多典型人物身上找到的真實故事。我寫小說，總是把書中的人物當做自己，往往寫到她不幸的遭遇，眼淚不知不覺地滾下來。這就是作品裡面的真感情，絲毫也假不得。

來到臺灣十九年了，我的主要工作是教書、改作文，寫作不過是我的副業，也是我犧牲了休息時間寫一點自己喜愛的文字；不過大半是朋友們逼出來的。他們有的主編刊物，有的主編報紙副刊，我往往奉命為文，有時連內容字數也都是他們規定的，我只好遵命辦理，如期繳卷。醫院的候診室，師大的教員休息室，教室，汽車站，火車上，都是我寫稿的地方；謝謝我的兩條腿，她經常代替了書桌。

寫作所遭遇的困難

讀書與寫作這一行業，真是「如人飲水，冷暖自知」。從事寫作的人，都知道它的艱苦。寫自己熟悉的題材，自然沒有什麼困難；然而，有很多資料是需要你去發現，去尋找的。還記得三十六年在北平，電影導演徐昂千先生要我寫一個電影劇本，以舞女為題材，寫出她們一生的悲慘生涯，我毫不猶豫地拒絕了；因為第一：我不會跳舞，更沒有跳舞的朋友，對於她們的生活太隔膜，實在無從下筆；後來我換了一個題材，描寫一個職業婦女被丈夫遺棄的悲劇，有幾段描寫男性娶小星的對話，我一時想不出許多理由，於是去請教朋友，後來徐先生說：「這幾段對話最精彩！」

寫〈聖潔的靈魂〉的時候，我要把女主角送進特種酒家；但我並沒有去過那些地方，自然沒有見過男客玩弄酒家女的情形，這一段又不會寫了，只好向一位去過酒家的朋友請教，寫完之後，把原稿給他過目，他搖搖頭說：

「不像，不像，你寫得太文雅了。」

我想文雅大概就是嚴肅的意思，我此後還是不以這些地方為背景的好。

我認識一位名女人，很想拿她的生活來寫個長篇小說；可是有許多看起來很小，其實卻很大的問題無法解決，我不能寫她。例如她經常喜歡用什麼香水？喜歡抽什麼牌的香煙？穿什麼料子的衣服？打多大的梭哈？跳什麼舞……，還有她的生活習慣，她經常與哪些人來往？……

我最佩服清朝的大小說家曹雪芹，他不但能寫出四百八十六人的性格，語言；最難得的是那些小姐、丫頭們的服裝，他把顏色配得那麼好，又調和，又合於每個人的性格。

寫作之路是艱苦的，同時也是快樂的。我自從十五歲開始寫文章，到今年整整四十五年了；我在遭到退稿時，從來不把它當做一回事，不以為這是受到打擊，更不怨恨那主編的人；因為我自己當過多年主編，我知道稿子不能篇篇採用的多種原因。

我的希望

信筆寫來，不覺已到了限定字數，我在這裡要寫出一點小小的希望：

我來自農村，仍然希望回到農村去；我熱愛大自然，熱愛人生，更熱愛自由！

有人說：人生七十才開始，今年我雖到了花甲之年，讀書和寫作還沒有開始呢！儘管病魔奪去了我許多自由，但我無論如何也要爭取！我計劃以十年功夫，來從事兒童文學研究和創作，希望在純潔的小朋友身上，散播優良的文化種子，才能使他們將來成為有用的人才。

我的性情好動，生平喜歡旅行，青年時代曾有周遊世界的幻想，如今知道這是經濟力量不能達到目的的事情；但願打回大陸之後，周遊全國的名山大川，學徐霞客、老殘他們的榜樣，寄情於山水之間，我想應該沒有問題吧？

我在十年前，皈依了三寶，慈航老菩薩是我的師父。我有悲天憫人的心懷，可惜我缺少救世救人的力量，唯有將來在退休之後，以全心全力貢獻給佛教文學和兒童文學，讓我的心靈永遠是恬靜的，聖潔的。

外面晨雞在喔喔啼喚，天空現出了一線曙光。很久沒有熬夜了，為了要在這萬籟俱寂的深夜趕完這篇稿子，同時可以考驗一下我的健康。

朋友，我不服老，我很健康，我要不斷地努力，直到生命最後休息的一剎那，我不會放下筆桿的！

五十五年九月三日黎明完稿

我的青年時代

誰都說：青年是人生的黃金時代，他們的生活是多采多姿的；然而我是例外，我的青年生活是多災多難，苦多於樂的；不過，我也要感謝造物主對我的考驗，假如不經過種種的挫折和打擊，我怎能站得起來呢？

話得從我的小學時代開始說起：

我一共進過三所小學，只讀完高一為止，要想升中學，還要讀兩年；可是母親堅決地不許我繼續再讀，她的理由是：女孩子總得嫁人的，一結婚，就會生孩子，有了孩子，她就忙著撫養他們，哪裡還有功夫來研究學問？她經常說：

「學問是男人的事，女人只要讀到會寫信會記帳就得了。」

後來經過父親求情，母親才許可我去投考稻田師範，關於我小時候因為讀書而絕食三天的事，因為在《女兵自傳》裡已經寫過，這裡不再提了。

稻田婆婆

稻田師範，就是湖南省立第一女子師範，因為地址在長沙馬王街古稻田，所以就索性改為稻田師範了；一直到今天，我還記得我們的校歌：

民國初立，我校斯成，
沉沉女界放光明！
道德日進，體力日強，共求知識與技能。
人權發達，幸福無窮，
我能獨立我生存。
麓山毓秀，湘水含英，
稻田！稻田！萬萬春。

每次當我唱到「我能獨立我生存」的時候，便特別提高嗓子，彷彿我全身的血液都在沸騰，我了解自己能夠考進這所名聞全省的學校，實在太不容易了。

原來這所公立師範學校，非但一切由公家供給而且每年發兩套制服，夏天是白衣黑裙，春、秋、冬天是灰衣黑裙。衣的長度要超過膝蓋兩寸，裙子幾乎與鞋跟一樣平，因為我們的制服太老氣，灰暗，頭上又梳著一個或一對巴巴頭，所以見到我們的人，都叫稻田婆婆。試想一群十多歲的女孩被人家看做老太婆，是不是應該生氣？然而奇怪，我們當時不但不生氣，而且感到非常驕傲，原因是那些畢業班的大姐們，還沒有到暑假就被人爭聘一空了。

當時學校規定，每縣可以保送兩名，有些偏僻的縣份，連一個也沒有；因此決定每年舉行一次考試，不分什麼縣，只要成績合格的就錄取，那年我們新化縣就考取了九名，連保送的共十一名，可說最多了。

我初進學校的時候，因為根柢太差，只有高小一年級的程度，除了國文、體育、唱歌、圖畫之外，什麼都趕不上；最痛苦的是英文、數學和理化。

一直到今天，我還在後悔，我們遇到一個那麼好的英文老師，不知道跟他好好地學，反而背後罵他是洋奴。他教英文的方法是多讀、多寫、多說。他教我們用英文寫日記，哪怕只寫兩三句都是好的。我們被他逼得沒有辦法，只好照寫，現在我腦子裡記著的生字和文法，還是那時硬灌進去的。

我好比一個先天不足的孩子，在功課方面，我樣樣不如人家。為什麼呢？是我的天資特別愚鈍？還是懶惰不用功呢？固然，我沒有天才；但自問從小便是個最用功的孩子，我的所以功課不如人家的原因，是我剛讀完高小一年級的時候，便跳班考上了湖南省立第一女師，我記得很清楚，那是民國十年的夏天。

在由藍田至長沙的船上，一個星期內，我補習完了所有的四則雜題。什麼父子年齡；雞兔同籠；順水行舟，人力水力之和；逆水行舟，人力水力之差；種樹，時間，利息，甲乙做工……，弄得我頭昏腦脹。我恨死了發明數學的人，後來我選擇文科，是不無原因的。

還記得父親在我參加考試的前一天晚上對我說：「鳳兒，不要太緊張，要有充足的睡眠，才能應付明天的考試；萬一失敗了也不要緊，你可以和我同去益陽再讀五福小學，你大哥在那裡當校長，他會一切免費的。」

「不！爸爸，假如我失敗了，我要跳……」

還沒有說出「湘江」二字，父親便用右手掌封住了我的嘴巴。「我最不喜歡沒有出息的孩子，我喜歡再接再厲，從不灰心的人；不要胡思亂想，趕快去睡覺吧。」

一個星期之後，想不到我真的僥倖考上了師範，父親等我發了榜後才離開長沙。進校的第一件工作，便是補習功課，找那些高小畢業了的同學，按部就班地補授未完的功課。

在國文方面，我占了不少便宜，因為父親是前清時候的舉人。他的著作等身，我從小便在家接受他老人家的教育；後來二哥和三哥又在新文學方面介紹我讀了幾本世界名著；尤其難得的，是我有機會管理學校的圖書出借，凡是新到的書籍和雜誌，總是我先看了才借給人家；如果說人類是自私的動物，在這一件事方面，我是承認自私的。

兩位好老師

我要感謝兩位老師，他們使我在國文和英文方面打下了一點小小的基礎。

一位是教國文的李青崖老師，他不肯給我改一萬餘字的小說——〈初戀〉，要我從五百字的短文開始。他說：「你假使五百字寫通了，那麼五千字也不成問題。年輕人啊，為什麼還不會走路，就要學跑步呢？」這正與父親天天訓練我的簡潔，流利，不要拖泥帶水，嚕哩嚕囌完全一樣。

還有一位是英文老師陳國梁先生，滿臉紅光，戴著一副黑邊的近視眼鏡。他剛從東吳大學畢業出來，穿著筆挺的西裝，打著領帶，人很熱情，活潑，他教我們讀《泰西五十軼事》，《天方夜談》；還教會話和《英文典大全》。凡是不喜歡會話的同學都討厭他，背地裡罵他是假洋人。

「多懂得一種外國文，對你們有益無害，不論你將來研究文學或者科學，你非學英文不可！要學會英文，沒有別的捷徑，只要不偷懶，勤查字典，死記生字，多背有名的作品，不怕難為情，多練習會話，你就可以讀好英文。例如你還沒有讀過『圖釘』和『教務處』這兩個生字，你可以對同學說：『Please go to 教務處，and bring me a 圖釘』」，說完，引起了我們哄堂大笑，他卻很嚴肅地站在講臺上，一點也沒有笑容。

陳老師還教我們天天寫日記，不管有沒有材料，非養成有恆的習慣不可！他有一個五歲的姪兒，天真活潑，常常來學校和我們玩；忽然有一天他得急病死了，我寫了一篇六百多字的〈悼陳朋〉，老師說，他一面讀，一面流淚，那是我生平第一次的英文作文得到誇獎，也是最後一次的優良成績，我得了九十八分。

偷讀

「站住！站住！不要跑！不要跑！學校鎖了大門，你還想跑到哪裡去？除非你變隻蚊子，我總會抓住你的！」

有外婆之稱的校長，拼命地在我的後面追趕。我手裡拿著一本小說，更加拼命地逃跑，明明知道他總會追上我的；也明明知道學校裡會處罰我，即使不開除，記大過一次，是不可避免的。

——我應該停住，好好地向校長說明，請求他寬恕。

儘管腦子裡知道這麼想；可是兩條腿不聽我指揮，她好像上了發條的機器，拼命地不斷地向前奔去。

「謝鳴岡，聽到沒有？站住！站住！我不是警察，我不會抓你去坐牢的，我要看看你手裡拿的一本什麼書，怎麼可以犧牲睡眠，非看它不可；我不相信它有這麼大的魔力！」

「我不是警察！」這句話把我提醒了！

真的，他不是警察，我又不是小偷，為什麼要這樣害怕呢？於是我真的站住了，轉過頭來，用乞憐的眼光望著他，用微微顫抖的聲音哀求道：

「校長，請你老人家原諒我，因為白天功課太多，我沒有時間閱讀世界名著，所以只好在晚上，犧牲了睡眠來看它。」

「什麼世界名著？拿給我看看！」

我立刻把藏在後面的《悲慘世界》拿出來，他看了一下說：

「我沒有看過這本書，裡面說些什麼？」

我見他問及書的內容，心情平靜多了，我不再害怕，還想趁此機會向他做一番宣傳工作呢。

「作者描寫當時社會的黑暗；把好人和壞人做一個對照；可憐的孩子，沒有人照應，不給他受教育，是會被惡人帶壞的⋯⋯」

「你是說這本書的內容嗎？」

「是的。」

「還有什麼呢?」

「還有,使我明白天下沒有不勞而獲的事,只要肯努力,一定有收穫的,許多世界有名的作家,都是從艱苦的環境裡奮鬥出來的。」

「你想成為作家嗎?」

「不敢做這個夢。」

「那麼為什麼這樣被小說迷住了呢?」

「那是因為興趣的緣故。」

「好,這次又原諒你,下次不能再犯規,你知道我的個性比你還強,你不睡覺,我非把你制服不可!我寧可追到天亮,也不許有一個學生偷讀。你要知道,健康是一個人的本錢,沒有本錢,你用什麼去研究學問,發展事業?你們小孩子,只知道任性,不注重身體,是要不得的!你們的父母,把你們交給學校,學校就要負起責任,假使你生病了怎麼辦?」

「校長,我的身體很好,不會生病的。」

「哼！機器也有壞的時候，不要說人！不要嚕嗦了，快去睡吧。」

其實，天曉得！嚕嗦的是他，而不是我啊。

沒法，只好又乖乖地被他像押解犯人似的把我趕進了寢室，從此偷讀不成，只好利用假日和課餘飯後來欣賞名著了。

熱　菜

誰說學生生活是苦的？回憶起來，真有無窮的樂趣，南面王也不如啊！

命運註定我一輩子要吃師範飯，中學、大學入的是師範，如今教的又是師範！老實說，民國十幾年的師範生，比現在的要舒服多了：每餐有六菜一湯，八人一桌，雞、鴨、魚、肉餐餐都有；課本，筆記本，作文簿，講義，全部由學校發給，不用花一文錢；過年過節，還要加菜。也許是正在成長的關係，我們那時的食量相當大，有時老師下課遲幾分鐘，我們還要去寢室拿碗筷，進了食堂，只見到得早的已經吃完，碗裡的菜，所剩無幾了；我們後來的怎麼辦呢？只好把別人桌上的剩菜收來，倒在我們的菜碗裡，給廚房一個二十文的銅板，請他加一點豬油，加一些紅辣椒熱一熱，那滋味，其美無比，較之大飯館的酒席，好吃多了！我們往往一吃就是三四大碗飯，也不知從哪裡來的食量，遇到有人笑我飯桶的時候，我總要回敬她一句：「豈敢！豈敢！彼此！彼此！」

雖然伙食並不壞；但我們很饞，常常在星期日和二三同學跑去同鄉家裡「打牙祭」，算好快要吃飯的時候拜訪，主人一定留我們吃飯，我們就半推半就地坐下來，幫她們擺碗、端菜、添飯；吃完之後，自動去抹桌，洗碗；這麼一來，主人並不討厭我們，我們也像回到了自己的家，得到了一點溫暖。

剪辮子

「書呆子剪頭髮了！」

這是一件大新聞；書呆子指的是我。

真的，誰也不曾料到，我會把頭髮剪掉的。

在幾個月以前，我曾大聲疾呼地反對女子剪髮，我說：「身體髮膚，受之父母，不敢毀傷。」又說：所有禽獸，都有雌雄之別，一個女人剪了頭髮，穿著短衫、長褲，與男人毫無區別，這成何體統？很多同學贊成我這種說法，她們在壁報上寫文章響應我；

特別是教國文的陳老師，他在我的文章旁邊，用雙圈圈得密密麻麻的。一部分思想前進的同學，大罵我頑固，開倒車，思想落伍，是時代的罪人。她們愈罵，我反對剪髮也愈厲害；後來經過我的二哥苦口婆心地勸了我好幾天，我有一點動搖了；但是好強的我，仍然不肯自己打自己的嘴巴。

「不能！絕對不能！我已經寫過好幾篇文章了，我反對她們剪髮，怎麼又投降她們？幫我說話的那些同學，她們會痛罵我的！不能！我不能思想動搖，前後矛盾！」

我堅決地回答二哥。

「一個青年人，往往會感情用事，不論面對一個什麼問題，如果不經過再三思維，還是以少發表『謬論』為是。例如剪髮，這是對於衛生、經濟時間都有好處，你為什麼要反對呢？一個現實的問題擺在眼前：你們清早起來，至少要花費一刻鐘在梳頭上面，多麼浪費時間；假如把頭髮剪掉，只要一兩分鐘就梳好了，其餘的時間可以用來讀書，做別的事，你看多麼好！何況洗頭髮也省了許多麻煩，又清潔，又美觀，一舉數得，你憑什麼要反對它呢？」

我在二哥面前，事事只有認輸，儘管我會強詞奪理，胡說八道一陣；但究竟沒有充足的理由，是無法站得住腳的。

「不剪就是不剪，你總不能強迫我！」

我站起來想走，他一手把我拉住。

「一個人要有認錯的精神，才能成就大事！古人所謂『人非聖人，孰能無過，過而能改，善莫大焉。』王陽明說：『人不貴無過，而貴於有過能改……。』」

「我沒有過，我用不著改！」我打斷了二哥的話說。

我的氣，越來越大，二哥的聲音卻越來越柔和；也許真是柔能克剛吧，我最後還是依從了他的勸告，三個月之後，我也被同學強迫剪髮了。

「用不著你這麼痛哭流涕，如喪考妣；你如果實在捨不得你的大辮子，將來還可以把頭髮蓄起來的。」

這是偉英說的話，我至今還清楚地記得。

「一個人要有認錯的精神，才能成就大事。」

我更牢牢地記得二哥的話。我這一生不但沒有成就過大事，連小事也一無所成；然而我有認錯的精神，這不能不感謝我二哥的賜予。

過年

一

在女師讀了五年，每逢寒暑假都要回家；尤其是寒假，母親一定要我回去過年，她認為除夕如果不能一家人團圓，是件很不愉快的事。

彷彿記得那是民國十四年的寒假，我藉補習功課的名義，沒有回家過年，和三位同學住在學校裡，整天日夜看小說；好像看小說，比吃飯睡覺還重要，有時一整天，也聽不到誰說話，偶然聽到一聲歎息，或者格格的笑聲，誰也不去理會；反正各人都會從小說裡找到她們的快樂和悲哀，用不著別人替她去分擔。

有天晚上，我忽然想到過年，於是說：

「喂，書呆子，快要過年了，你們說，怎麼辦？」

「我有個主意，那天一大早就帶了麵包去嶽麓山，玩到天黑才回來；不過，千萬別忘了帶小說。」

小李首先建議。

「本人反對！」趙胖子說：「要知道過年又不是過重陽，怎麼跑到山上去？冷冷清清地一點興趣也沒有；說不定觸景生情，還要大哭一場，豈不大煞風景！」

「你們都不要吵，聽我說好不好？」

孫悟空不慌不忙地說。

那時候，我們每個同學都有綽號，連老師也不能免。譬如教國文的周老師，臉上現出多情的樣子，說話時老是低著頭，我們就在背後叫他「林妹妹」；教數學的徐老師，我們叫他「賽因徐」；教英文的陳老師，臉部長得像猿猴，我們叫他「孟克」；「孫悟空」，只因她姓孫，所以就得了這個雅名。

「你快說呀！」

我見她那種慢吞吞的語氣，就催促她。

「你不要急，一急，我就說不出話來了。」

她常常喜歡賣關子，這是我們最討厭的。

「不說就不說，拉倒！」

我是個素來性急的人，遇到這種場合，寧可不聽，也不高興等待。

「你不要急，我告訴你，我早就在一星期之前計劃好了，我們四個人一定要好好地過一個最特別最快樂的年。買菜，下廚，都由我一手包辦，只要你們幫我一點忙，洗洗菜，刷刷碗，收拾收拾就得了。」

「喝！你倒會吩咐，我們都成了你的下手，哼！你又不是什麼名廚！神氣什麼？」

小李又在抬槓了。

「傻瓜，我們就封她一個『御廚』，自己以皇帝的身分去嘗試嘗試她做的菜不好嗎？假如做得不好吃，就賜她一個——」

「一個什麼？」

小李緊接著我的話問。

「一個終生監禁。」

「呀！太厲害了！」

趙胖子說著，四個人都笑了。

二

誰都說，學生時代，是人生的黃金時代，真是一點不錯。

我們讀的是師範學校，一想到畢業之後，我們就要為人師表，真是不寒而慄。說老實話，那時我們對於那些什麼「教育概論」，「兒童心理學」，「教育心理學」……之類的功課，絲毫也不發生興趣，一天到晚，只知道看小說；特別注重在故事方面，不論誰看完了一部小說，先要問她：「故事好不好？有趣沒有趣？結果是悲劇還是喜劇？」

也許這是我的性格，從少年時代開始，我就最喜歡看悲劇性的小說，越是情節悲慘淒涼的，我越喜歡看；常常把書中主人翁的遭遇，當做我自己的遭遇，我為他們傷心落淚，有時甚至幾天都在難過。

在我們學校大門口的右邊，有一所設備完善的幼稚園，那是專為我們的同學實習而辦的。裡面收容了一百多個活潑可愛的男女幼童，中午有時下課早一點，我們在進食堂吃飯以前，總要抽空去看那些小天使一眼，聽幾聲親熱而嬌甜的「老師再見！」

自從放假以後，幼稚園裡冷清清地看不見一個人影；只有老王每天在那裡打掃落葉，看管房舍。我們四個人喜歡在清晨或者黃昏的時候去那裡散步，打鞦韆，玩滑梯。起初老王很不高興，一見我們來了，就皺著眉頭，用諷刺的聲調說：

「哼！你們也有資格當老師？自己還沒有長大！」或者說：「回到你媽媽那裡去吃奶吧！」

遇到這種情形，我們非但不生氣，反而哈哈大笑起來。

有一天，我們買了一包烤紅藷來吃，特地揀了一個大的送給他，他連聲說謝謝，從此他再也不罵我們了。

三

那是除夕的上午，我照例躺在床上看書，孫悟空和小李出去買菜去了，趙胖子在洗衣服；我手裡的《茶花女》快要看完，忽然走進來一個人，她一下坐在我的床沿上，我猛吃一驚；一看，原來是小楊。

「你這死鬼，進來也不叫一聲，嚇死我了！」

她沒有理我，臉色蒼白，好像大病初愈似的，緊握著我的手說：

「告訴你一個消息：小魯的姐姐自殺了！」

「自殺了！為什麼？」

我連忙坐起來，披上棉衣。

「我說她活該，自作自受！」

她彷彿很生氣的樣子。

「究竟是怎麼回事？你好好地從頭說起吧。」

小楊是這麼一副怪性格，她說話喜歡東一句，西一句，使人摸不著頭腦；有時四五個人在一塊兒，每個人都要應付一兩句，遇到這種場合，她就會跳起來說：「氣死我了，你們人多嘴雜，我不知道要應付誰好，算了吧，我懶得說了！」

於是大家哈哈大笑，一哄而散。

好在這天只有我們兩個人在屋裡，她得以從從容容地敘述。

為了太冷，我叫她脫了鞋子，也坐到熱烘烘的被窩裡來，兩人面對面地坐著，她的話匣子打開了：

「小曾的姐姐，是××女校的校花，你是知道的，那次我們學校開運動會，她還來參觀，你不是見過的嗎？」

「我不大記得了，她長得比瑪格里特怎樣？」

我指著《茶花女》問她。

「死鬼真討厭！管你什麼馬格里特，牛格里特，我不知道；管你記不記得，我只說我的故事好了。」

「就只因為她長得漂亮，不知道有多少人追求她，連她學校的英文老師也在內；可是她什麼人也不愛，只愛上了一樣東西——你說，是什麼？」

「那還用說，一定是錢！」

「對了，她愛的是錢！她說人生在世，只有短短的幾十年，不好好地享樂、享樂，實在太冤枉了，所以她選擇的條件是錢！」

「好了，後來呢？」

我連忙問。

「不要著急，聽我說呀。」

「一個五十多歲的老頭子愛上她了——」

「我相信她絕對不會嫁給那老頭的。」

我打斷了小楊的話說。

「錯了，你完全猜錯了！她居然心甘情願地嫁給他。」

「那麼，為什麼又要自殺呢？」

「聽我慢慢地說吧。這個老頭的年紀，比她的父親還要大，自然父母都不贊成；但她不顧一切地私自答應了。

「他們並沒有經過正式結婚的手續，就秘密同居。老頭是長沙最大的富翁之一，在水陸洲，有一座富麗堂皇的別墅；在坡子街，有三間金鋪，五間綢緞店。他用起錢來的時候，從來不經過腦筋想的，要什麼，有什麼，根本不問價錢貴不貴，只要東西好，吩咐下人買來就是。」

「這與她自殺，有什麼相干？」

小楊不理會我的打岔，她繼續著敘述：

「這正合乎魯小姐的意想，她想嫁了一個這麼有錢的人，一生吃、喝、穿、玩，還用得著發愁嗎？當然不會；於是她不要名分，就和他同居了。」

「難道她是去做姨太太？」

「當然囉，也不知道是第幾個姨太太？」

「就為這個自殺嗎？」

「不是，另有原因，你聽我說呀！聽說那老頭子自從把她金屋藏嬌以後，起初天天日夜陪著她，不到三個月，那老傢伙居然喜新厭舊起來，常常八天十天不回來，她一個人在家裡悶死了，又不能出去；同學們都不理她了，連自己家裡的人來看她，也被門房擋駕，她簡直好像關在監獄裡的囚犯一般，怎麼不自殺呢？

「據說那老不死的，像『皇帝』一樣，他有『皇后』，有『妃子』，還有侍女、丫頭，他高興在哪裡，就去哪裡。他害怕魯小姐跑掉，所有後門，邊門都是上了鎖的，只有大門沒上鎖；但有人把守，除非她變隻蒼蠅，不要想飛出去，你想，在這種情形之下，她不自殺，怎麼活下去呢？」

「唉！她連瑪格里特都不如，人家是不愛財，只要真實的愛情；而她恰恰相反，誤中了拜金主義的毒，一心貪圖物質的享受，以致犧牲了寶貴的一生，正是你說的自作自受，活該！」

對於這種人，我是不同情的；故事說完了，我也無心再聽下去，仍然拿起我的小說來看。

「謝，我今天特地來請你去我家過年，吃年夜飯，好嗎？」

小楊笑嘻嘻地問。

「謝謝你的好意，我們四個人要過一個特別的年。」

「那麼，四個人都請到我家裡去，人，越多越熱鬧。」

正在這時，孫悟空和小李回來了，小楊看見了她們買回來的菜，不好意思再勉強邀我，坐了會兒，她就回家了。

四

過年了！我們雖然只做了簡單的四樣菜：一盤臘肉炒冬筍，一盤蝦末燒白菜，一盤肉末炒雪裡紅；還有一碗榨菜肉絲湯，一瓶葡萄酒，一碟鹹蛋，一碟大紅袍（花生米），吃得津津有味。

「啊，想起來了，幼稚園那個老頭，不知道有家沒有？我們送點菜給他吃好嗎？」

我說著，立刻放下筷子跑去幼稚園，只見老王呆呆地坐在椅子上沉思。

「老王，你今天不回去過年嗎？」

「我回哪裡去？這兒就是我的家。」

「吃過飯沒有？」

「沒有，等下把中午的飯熱一下就得了。」

我聽了返身便走，跑回寢室，用盤子分了些菜給他送去，他太高興了！

「小姐，你們太好了！太好了！過年還記得我這個窮老頭，你們的心太好了！」

「不要客氣，出了門，大家都是一家人！」

我的心裡又高興又輕鬆；真的，我們過了一個特別的年，把我們的溫暖，分了一點給老王，似乎做了一件很大的好事一般。

晚上，我們圍著一個小火爐取暖，我把魯小姐的遭遇告訴她們，孫悟空說：

「紅顏薄命，值得我們同情。」

「愛慕虛榮，咎由自取，得不到社會人士的諒解。」

小李說。

於是你一句，我一句，好像在開辯論會似的，幸虧趙胖子出來調解，我們又悄悄地看小說去了。

五

天下事，往往有不可預料的，誰知後來孫悟空也步上紅顏薄命之路，她拒絕了那個死心塌地追求她的男友，愛上了一位有婦之夫；對方是軍人，前面有一妻一妾，都是同班同學，她是第三位如夫人，聽說後來的結果很慘，她被丈夫遺棄了！我不懂那位軍人，何以有這麼大的魔力，能享受這麼好的豔福？我一直想要找孫悟空問個明白，究竟她是愛了他的什麼？是否過了幾天所謂幸福的生活？

時光像閃電，四十多年前的往事，還歷歷在目，曾經和我在學校過年的那三位同學，如今不知各在何方？我懷念她們，為她們祝福；還有那個忠於職守的老王，如果還在世的話，應該有一百歲了吧？

幻想

在學校五年多，我只看過兩次電影，一次看「火燒紅蓮寺」，一次看「月宮寶盒」。那時看電影，要男女分坐的，女孩子絕對不敢和男生來往，每封信都要經過訓育處檢查，我那時富於幻想，我不了解一個人為什麼會異性相吸，同性相拒；同時我以為四海之內皆兄弟也，每個人只要趣味相投，性情相近，就可以做朋友，為什麼有那些戀愛的糾紛產生呢？

「我希望將來有那麼一個理想的社會實現，幾個好朋友住在深山裡，好像七仙女似的一同工作，一同生活。」

「要不要結婚呢？」同學問我。

「不要，永遠不要結婚！男男女女都像兄弟姐妹一般和和氣氣，過著快樂的日子多好。」

我回答她，她把這問題請教老師，老師說：

「這是你們腦子裡的烏托邦，一輩子不會實現的，年輕人啊，不要把寶貴的腦子用在幻想、空想上，你們最要緊的是把握每一分一秒的時間，多求有用的學問。這時候，你們的腦子最純潔，記憶力最強，將來到了年紀一大，想要讀書，也讀不進了。」

在當時，我根本沒有把老師的話放在心裡，到現在才知道句句是經驗之談。

我是個書呆子，常常被小說迷得忘記了吃飯，也忘記了睡眠。我不懂那時我何以沒有一點愛美之心，連雪花膏是什麼樣子，也沒有看見過，冬天手凍得裂開了，鮮血流了出來，連一毛錢一瓶的甘油也捨不得買。還記得有一次，三哥給我十塊錢，這是一個很大的數目，如果以當時一元買兩百個雞蛋計算，那麼相當於現在的三千多元，我因為太用功了，那幾天正在生病，三哥要我上醫院檢查，並且叫了一輛洋車，替我開了錢，明明那十塊錢我用手帕包著握在手裡，不知怎的手一鬆就掉了，那時我順便到一位同學家裡去，想請她陪我去看病，進了她家的門，不見十元，我急得要跳井，幸虧她的母親一把拉住我；要不然，真會發生命案的。

投筆從戎

在稻田，我是個最守規矩的學生，除了有時上理化、數學課偷看小說外，我從來沒有犯過規。

我的青年時代，充滿了苦悶、窮困、憂鬱、傷感；但有一段時期使我的人生觀大大改變，使我的生命充滿了活力，充滿了光明，那就是從軍時代。

民國十五年，是北伐將要完成的時代，是所有一切軍閥將要遭到徹底消滅的時代，全國的青年們，都想投進革命的洪爐，獻身國家民族。當中央軍校第六期的招生廣告，出現在各報的時候，那一條招收女生兩百名的字跡，首先映進二哥的眼裡，他立刻給我電話，要我到他那裡（明德中學）去。

「妹妹，趕快去投考軍校，你快要出頭了！」

他第一句話就這麼向我打氣。

「什麼叫出頭？」我真不懂這兩個字的意思。

「你參加革命，可以找到許多珍貴的材料寫文章，可以從事婦女解放運動，可以解除你的婚約，可以發展你的前途……」

說老實話，當時別的都不能打動我的心，只有獻身革命和解除婚約，是我的兩大目標。

「好，一定報名；但是不知道考不考得取？」

「我想你的國文和三民主義是不會有問題的，只怕英文和地理、歷史。」

二哥正說著，三哥忽然也來了，他極力反對我去報名，並且說：

「一個女孩子去當兵，一定變得很粗暴，將來不能做賢妻良母，二哥，你簡直要毀了妹妹的前途！」

「笑話！笑話！我是替她創造新的前途；而且是最有希望的前途！」

他們兩人針鋒相對地辯論了將近一個鐘頭，最後還是二哥勝利了。

回到學校，只聽到許多同學在談著投考軍校的事，這一夜，我興奮得不能閉眼，我想母親一定不贊成的，只有瞞著她，不讓她知道。

第二天早晨朝會的時候，校長報告：

「中央軍校招收女生，你們要去報名，我不阻止；但是考不取的，絕對不許再回到學校來，說不定你們的家裡也不許你們回去；這是值得你們考慮的，不要因為一時的感情衝動，而誤了終身。」

於是膽小的、意志薄弱的，開始動搖了，我和翔姪還有四位同學堅決地要去報名。

「考不取，我們去當勤務兵總可以吧。不能回稻田，我們可以去讀普通中學，天無絕人之路，只要我們的意志堅決，不怕沒有出路。」

我好像給自己也給她們注射了一針強心劑。

我很順利地考上了軍校；但是為了反對複試，我被開除了；後來只好又第二次改名報考，這次我可太高興了，僥倖取了個第一名。從此我脫下了灰布制服，黑色裙子，穿上了灰色的軍裝，走起路來，抬頭挺胸，雄赳赳，氣昂昂，許多人，特別是一些老太太，根本分不出我們是男兵還是女兵。

在這一年裡，我的生活是充實的，我的生命是活躍的，我整天陶醉在革命的歌聲裡；那些雄壯的歌聲，可以使我的精神振奮，可以使我的意志堅強，可以使我的感情熱烈！那時候，我和兩百多個女同學，完全忘了自己，只知道國家民族。儘管個人的力量是那麼微弱、渺小；但團結，就是一股不可抵禦的力量啊！

記得我在出發前給三哥的信裡，曾經這樣寫道：

親愛的三哥，我在三天之內就要出發了，也許一個月以後，就能凱旋歸來，回到湖南與你痛飲高歌；萬一我犧牲了，你千萬不要為我難過，你要將我有意義、有價值的犧牲告訴父母親，安慰他們，勸他們不要悲傷，不要痛哭，只要他們對著我這次寄回的相片說一聲：「我的愛兒，已經為國民革命而犧牲了！」那麼，我在九泉之下，便能得著無限的安慰了。

親愛的哥哥，我能夠和勇敢的戰士們在一起與敵人拼命，真高興啊！望你由空中傳達努力、奮鬥、犧牲的聲音給我！

三哥接到這封信後，立刻付排，第二天就登出來了。他當晚搭夜車去武昌看我，兩人相見，熱淚不覺滾了下來，他是惜別、難過；我是快樂、興奮。

出發以後，我把親眼所看見的，以及所聽到的種種現象，寫在《從軍日記》裡面，這是我出版的第一本書，也是我正式走上文學之路的第一步！

我永遠不會忘記孫伏園和林語堂兩位先生，要是沒有他們的指導和鼓勵，我不會對寫作發生這麼大的興趣；也要謝謝發表我第一篇習作——〈剎那的印象〉——的李抱一先生，能夠把自己寫的歪歪斜斜的字，變成端端正正的鉛字，那種快樂，非親身領略過來的人，是無法了解的。

可是好景不常，這種有意義，生氣勃勃的生活，沒有多久就結束了！

我拖著一個有病的身體，回到了母親的身邊。為了我是瞞著她去從軍的，她非常不高興；父親卻視我為木蘭第二，他老人家很高興地聽我講著前方的故事。

「孩子，你是勇敢的，有了這些豐富的經驗，你可以多寫些文章了。司馬遷因為遊覽名山大川，所以他的文章氣魄雄渾，你從現在開始，就努力學習，將來也可做班昭第二的。」

父親這麼勉勵我，使我感到又慚愧又興奮。我知道班昭是漢朝的大學者，她能繼承父兄的遺志續《漢書》，我是什麼材料，我自己知道；但父母總是望子成龍的，他老人家曾寫過「史續蘭臺祈異日」的詩給我，到今天，我一事無成，而年已逾花甲，想來真是慚愧得無地自容。

上海亭子間

經過四次的逃奔，費盡了心力，歷盡了折磨，總算從封建的鎖鏈中得到解放了；我有了自由，我的前途和幸福，完全掌握在自己的手裡，我該高興了吧？然而接著而來的一個問題是：怎樣生活？

來到這十里洋場的上海以後，第一個問題：找房子太困難了！

那些二樓三樓，有新式衛生設備的房子，固然不敢問津，連亭子間也要六、七元一月，我當時身上只有一塊錢，也沒想到這區區的一塊錢用完了怎麼辦？

我找到了孫伏園先生的住所，見了他，我的眼淚不知不覺地滾了出來，他安慰我說：

「我們都耽心你從此不能自由了，一輩子會老死在鄉村；如今你終於逃出來了，你應該高興才對，為什麼反而哭呢？」

「我是因為太高興了才哭的。」

我擦乾眼淚回答他。

「我寄給你的信，還有二十塊，你收到錢沒有？」

「沒有，都被我媽沒收了！」

接著我把帶了愛珍逃跑的事，詳細地告訴孫先生，他很關心我們兩人的生活。

「愛珍有個男朋友在這裡，她倒用不著我們操心；至於我自己，先解決住的問題，然後再想半工半讀的辦法。」

當時孫先生要全部幫助我上學；但我無論如何不肯接受，我想要嘗一嘗做苦工的滋味，我要多磨練磨練自己，使自己從最艱苦的生活中了解人生，了解掙扎、努力、奮鬥的意義。

一位認識不久的朋友，為我找到了一間廉價房子，差一點送掉了我一條性命；原來那裡面住著一群綁匪，一天，他們全家忽然不見了，巡捕來把我抓去關在監牢裡，三天三夜不給我東西吃，連一口水也不給我喝，使我難過得真想自殺；後來幸虧伏園先生找法官將我保釋出來。

我費了一整天看房屋招租的條子，找到一間窗戶對著墳墓的亭子間，一個月的租金是四塊錢，沒有廁所，要自備便盂。

每天早晨，我總看見一個老太婆去到十字架前去獻花、默禱，我想墳墓裡面，一定埋葬著她的老伴；還有一位中年婦人，常來一座有著小天使石像的墳前插花，有時默默地坐在那裡流淚，有時帶了毛線去織衣服，我猜想地下埋著的，一定是她的愛兒。一到晚上，我把電燈關了，一群群的螢火蟲，繞著那滿園的十字架、小天使亂飛，真有點像鬼火，我心裡有點兒害怕；可是我要鍛鍊我的膽量。我曾經以墓園為題材寫了短篇小說和散文，投寄《時事新報》和《申報》副刊，都被發表了。我的生活，全靠這些千字五毛、一元的稿費來維持。

後來我進了藝大，仍然住在亭子間裡，和兩位同學合住，她們兩人同時愛一個男人，三角戀愛的真相被我看到了，她們內心的痛苦，我也知道許多，我對曼曼說：

「三角戀愛，是不正常的愛，你應該用快刀斬亂麻的方法和他斷絕關係，免得日子愈久，痛苦愈深。」

「不可能，因為崔太自私，他愛我們兩個人，誰也不放鬆。」

「這種愛情不專一，自私自利的男人，更不值得愛！」

我警告她，後來聽說她真的放棄了他，另外結婚了；真真的後果也不好，崔又另外愛了別的女人，可見我當時的看法是正確的。

在這段生活裡面，我窮到無以復加的地步，每到過年過節的時候，人家大魚大肉的吃；而我連一分買燒餅的錢都沒有，我好幾次想要把大三元或者冠生園的櫥窗玻璃打破，搶一塊叉燒或者一隻烤鴨逃跑，然後讓巡捕來追，我被關在監獄裡，衣、食、住，都解決了；但我沒有這樣做，因為我怕又連累孫先生來營救，未免太對不起他了。

越在窮困的環境裡，越能使我努力讀書，寫作，我不去向別人借錢，我想：借了債，一定要還人家，何必麻煩呢？還是讓自己的肚子受點委屈吧。

多少人在青年時代，過著多采多姿的生活，他們有甜蜜的戀愛，有幸福的天倫之樂，穿著鮮豔華麗的服裝，和朋友或者情人去踏青，去享月，去遊山玩水；而我呢？我沒有享受過甜蜜的愛情，只有痛苦，只有貧窮。我用鹽代替牙粉、牙膏，用手指代替牙刷；春、夏、秋、冬我只有三件單衣，一件破夾衣，一件破棉襖（還是王瑩送給我的），穿在我的身上；一雙空前絕後的球鞋，一年四季套在我的腳上，我沒有進過理髮店，一塊肥皂要用一年。

《從軍日記》出版之後，我常常去春潮書局借版稅，有時拿到幾元錢，也會和朋友去飯館大吃一頓，這樣的生活，我過了一年，三哥從南京來，他看了我這副情形，非常不高興，認為我這種形同乞丐的模樣，對他是個很大的侮辱，他約我去吃飯，茶房以為我是乞丐，不許我進去，三哥更生氣了！他替我買了幾件衣料，要我跟他到南京去做事，我無論如何不答應，為的是要繼續讀書。

第二年，三哥到北平去教書，把我也接了去，我滿以為考進女師大以後，生活可以安定下來；誰知一年之後，三哥回到南方，經濟來源斷絕，我又開始第二次的窮困生涯。

女兵生活

一個有趣的問題

冰瑩先生：

請恕我冒昧地寫這封信打擾你，有個問題，你看了，一定會哈哈大笑的。你一定想不到我們這一群阿兵哥，在最前線的馬祖碉堡裡，生活是這樣有趣的。

我們都是你的忠實讀者，拜讀過你很多大作；只是有一個大問題，橫在我們的心裡，那就是：「究竟謝先生是個男人還是女人？」今天，我們又提出來討論了，大家你一句，我一句，爭辯不休。我說謝先生是女性，老張固執地說：「一定是男性！」什麼理由呢？原來他是根據上次你率領許多作家來我們馬祖訪問，在接受馬祖廣播電臺訪問的時候，他們一聲聲叫你先生；而不叫「謝女士」，「謝小姐」，所以斷定你是男性；我回答他：「先生是普通的尊稱，可以用之於男人，也可以用之於女人，我斷定謝先生是女性，有《女兵自傳》做證明。」他們說：「《女兵自傳》也許是用第一人稱寫別人的故事。」這麼一來，連我也有點懷疑了。爭論了很久的結果，我們打賭：由我寫信給你，請你答覆；究竟你是男性還是女性？我們以三條大黃魚，七斤新鮮麵來做賭注。冰瑩先生，請趕快回信，讓我勝利吧！

祝您

康樂

你忠實的讀者：施金山於馬祖南竿

五一、五、廿七

看完了信，我真的哈哈大笑了一陣；而且笑出眼淚來了。這時恰好有兩位朋友在座，我把信給她們看，她們也說：「在三十年前，有許多人都不知道你和謝冰心是兩個人，有的說你就是冰心的另一個筆名；也有人說你是冰心的妹妹；更有人說你是男人！」於是我們又大笑起來。

「想不到三十多年前的問題，到如今還沒有解決。當拙作《從軍日記》在武漢《中央日報》發表的時候，譚延闓先生曾寫信詢問孫伏園先生：『謝君不知是男性還是女性？』後來林語堂先生還在《從軍日記》英譯本的序言中，提到這件趣事；法國文豪羅曼羅蘭先生，起初也對我的性別發生疑問，後來汪德耀先生的《從軍日記》法文譯本出版之後，他才弄清楚，連忙來了一封鼓勵我的信，使我在失望中又重新振作起精神來，從事學習寫作。」（見拙作〈敬悼羅曼羅蘭〉）我把這兩個故事告訴朋友。

「我很久就想向你建議，在外國，作家都把相片印在封面上的，你為什麼不這樣做？」

曼映說，我們又笑了。

「可惜我不是中國小姐，哪有資格做封面女郎呢？」

客人走後，我馬上給施金山先生回了一信，大意說：

「來信拜收，謝謝。《女兵自傳》是寫我所見所聞的親身經驗的故事，你說我是男性還是女性呢？

「我最喜歡吃馬祖出產的又細又嫩、味道鮮美的黃魚；可惜我遠隔重洋；否則，和你們一塊兒飽餐一頓，多麼快活！」

不久，施先生的回信來了，索性把它附在後面。

冰瑩先生：

來鴻已收到，不禁喜上眉梢；同事們更是歡喜若狂！我真感激您能抱病給我回信，您一向愛軍的慈心，更引起同志們虔誠的敬佩。

黃魚麵已於昨晚吃了，滋味的確不錯；然而未能與您共同享受，可惜！可惜！端陽佳節，臺北想必很熱鬧吧？我們在前線雖也很愉快；只是不免有每逢佳節倍思親之感！不盡欲言，祝福您。

戰士施金山敬上

六月十日

這就是引起我今天寫〈北伐時代的女兵〉動機。

那時候，我們在街上走，不知有多少人從店鋪裡跑出來看女兵，有時我們走進書店，文具店；或者糖果鋪買東西，馬上就有一大堆大人小孩圍上來，從頭到腳仔細打量。老太婆絕對不相信我們是女兵，她們說：「好鐵不打釘，好男不當兵，哪有閨女出來拋頭露面從軍的！」

其實，他們的想法錯了，那是帝王時代和軍閥時代對於兵的看法；至於古代的王師和現代的革命軍人，他們犧牲生命在保護國家民族的利益，在爭取世界的自由與和平，是多麼值得我們尊敬，崇拜呵！

不過，也難怪，北伐時代的女兵，是和男兵完全一模一樣：穿草鞋，打裹腿，一身灰布軍服，腰間束著一根小皮帶，背著步槍，走起路來，雄赳赳，氣昂昂，一點也沒有女人忸忸怩怩的姿態。那時我們唯一與男生有區別的，便是在左臂上用兩分寬的紅布縫成一個W形的記號；這記號真害苦了我們，男同學都向我們大開其玩笑，說我們女同學是他們未來的 Wife，把我們氣壞了！我曾經冒險代表全體女同學向楊連長請求，希望他能把W改為三道直線，代表真、善、美。他說：「這是上級命令，不能改的！」

軍人以服從為天職，還有什麼可說的呢？只好讓他們去叫W了。

女兵第一課

三民主義，
始終一致，
國民革命導師：
推翻君主制，
建設共和時，
聯合被壓民族，
努力相扶持；
完成國民革命，
偉大的先知！

這是我們初進武漢分校唱的一首歌詞的第一段，我至今還能唱出那雄壯的調子來。

像一陣暴風吹倒了滿清帝國，吹醒了夢裡的人們，吹開了革命的鮮花！在我們學校的二門口，有一副對聯：

先烈之血
主義之花

不用解釋，這主義自然是我們總理孫中山先生所提倡的救世救民的三民主義；在我們禮堂門口又有一副對聯：

黨紀似鐵
軍令如山

許多初入伍的女兵，看了這些對聯，嚇得心驚膽戰，她們害怕犯規，害怕處罰，害怕動輒得咎。不錯，學校的規律，的確太嚴了，衣服穿得不整齊，風紀扣沒有扣好，或者綁腿沒有打好，帽子戴歪了，敬禮的姿勢，立正稍息的雙腳站立的姿勢，稍微有一點不對，都要遭受指摘，甚至大大地訓斥一頓；特別是內務一項，不知傷透了多少人的腦筋，被窩要疊得像豆腐乾，八隻角都要成為九十度；床鋪下面，不許放一點東西。星期日早晨，教官來檢查內務的時候，同學們都戰戰兢兢地站在那裡等待宣布結果，她們那麼緊張地，而又滿懷希望地站在那裡，假若教官說一聲「重疊！」那就糟了！可能今天不能外出，要罰禁足一天。

說起來也真不可解釋，平時一週學習六天，認為是理所當然的事；而一到星期日，似乎非出去不可，萬一那天的內務整理沒有通過檢查；或者犯了其他的校規，那你休想有外出的自由，這時，我們就會心急如焚，坐立不安。這一天，真是度日如年，懊悔萬分，不但不能外出；而且認為這是一種莫大的侮辱，聽到同學們互相談起：某人今天內務檢查，沒有通過；某人犯規今天禁足，那比什麼還要羞恥，還要沒有臉見人。

不過話又說回來了，儘管校規是那麼嚴，教官的臉孔是那麼冰冷，鐵面無私；可是同學們都心甘情願地在這裡接受這鐵的紀律。她們來投考軍校的時候，早就下了為革命犧牲一切的決心。

「生命都可以拿來犧牲，難道不可以接受時代的考驗嗎？入伍訓練，有什麼可怕呢？」她們都這麼想。

入伍訓練，的確是一個最難的科目，也是最難通過的一關，如果在這最初三個月能受得了，那麼，以後就會一帆風順地讀到畢業。

「你們是中國有歷史以來，第一次的女兵，你們要做個好榜樣，將來軍校要不要招收女生，完全看你們的表現如何。」

我們的教官，常常拿這幾句話重複地對我們說，使我們有所警惕。

「真丟臉，她逃走了，既然受不了嚴格的訓練，為什麼當初要來呢？一定是虛榮心作祟，所以才來投考，一旦面臨現實，她的真面目就顯示出來了。」

一位嬌滴滴的女同學逃跑了，大家都在議論紛紛：

「我就看不慣她那副大小姐樣子，當了兵，還在晚上偷偷地化妝，擦什麼冷霜保護皮膚，哼！當了兵還講究美容，真無聊，她這麼打扮，給誰看嘛！」

「大家都是一樣的灰布軍裝，布襪草鞋，她卻偏偏要把軍服燙得筆挺，還搔首弄姿地像個交際花，我早就討厭她了，她走了更好，免得做我們的害群之馬。」

只聽得大家你一句，她一句地在批評那位女逃兵。

「幸虧只有一個，不然，實在太丟我們的臉了！」

真的，由開始到畢業，幸虧只有這一個懦弱的傢伙，假若多有幾個，那就顯得我們婦女的確太不行了。

我們那時每天五點起床，九點半就寢，一天上八小時課，上午是四小時術科，都是操練，那時候我們要按照步兵操典的程序學習。下午是學科，也是四小時，除了政治課程之外，還有名人演講，分組討論。上三民主義，國際形勢等課時，同學們非常有興趣，我們的腦子裡日夜在盼望著三民主義的社會早點實現；試想平均地權，節制資本，實行耕者有其田，該是多麼理想的社會，人人有自由，個個能平等，女子和男子一樣享受人生樂趣，再也不受封建思想的壓迫，該是多麼幸福！可憐的女人，過去她們過的非人生活，只是男子的奴隸，男子的附屬品。她們沒有自由，經濟不能獨立，真要感謝我們的國父，他給我們婦女開闢了一條光明大道，從此我們的人格獨立，思想自由，我們也像男子一樣，把一切智慧、能力貢獻給國家，為社會人群謀福利。

聽，我們的歌聲又起了：

快快學習，

快快操練，
努力為民前鋒！
……

「革命者只流血，不流淚！」是誰在大嚷，打斷了我們的歌聲。

原來一位女同學，因為接到了一封家信，忽然想起家來，偷偷地哭了，不料被那個嗓門粗大如破鑼的彭指導員聽到了，這麼大聲責罵著。

於是這位同學連忙用手帕擦乾了眼淚，不再哭了，加入了我們的歌詠隊，高聲地唱起：

三民主義，
始終一致，
國民革命導師：
……

可惜這位導師早已離開我們了，如果還在世的話，今年正好是他老人家的百歲誕辰呢！

女兵與戀愛

「謝老師，請原諒我的冒昧，我有一個問題，想向你請教，請忠實地回答我。」聽到「忠實」兩個字，我有點驚訝，也有幾分不大高興。

「我向來說話都是忠實的，你儘管問好了。」我回答方同學。

「在你們北伐時代當兵的時候，男女同學之間講不講戀愛？如果一個女孩子有幾位男同學追求，她怎樣應付？」

「你這個問題有趣極了，我可以分為兩方面來回答：首先說同學們的；然後再講我自己的。

誰也不能否認，人是感情的動物；特別是青年人，正是熱情洋溢的時代，大多數都希望交幾個異性朋友，一方面安慰心靈的寂寞，一方面做選擇未來佳偶的對象；也有真的想藉此研究學問，砥礪品德的；不過這只是極少數而已。

也許因為那時候婦女剛從封建家庭裡逃出來的緣故，她們還沒有勇氣談戀愛。據我所知，有幾位交男朋友的同學，都是被動的；有一次容貞和一元出去看了一場電影，因為回來晚了，過了點名時間，她被禁閉三天，我去送東西給她吃，挨了楊連長一頓大罵；後來容貞出來了，我問她禁閉的滋味如何？她回答我：『太不好受了！我寧願一輩子不交男朋友，也不願關禁閉。』

有一位鄧名芳，她是我們全隊裡面最漂亮的一個。軍服熨得筆挺，儘管連長再四訓斥，不許女同學抹粉擦胭脂；而鄧名芳每天用粉紙擦臉，看起來彷彿撲了一層薄薄的粉，經太陽一曬，白裡透紅，的確很美。她的男朋友不止一個，聽說連長官也有向她獻殷勤的。每天她要收到很多情書；又因為她會演話劇、唱歌，多才多藝，風頭十足；後來還聽說她成了國際風雲人物之一，不知究竟如何？」

「現在呢？這位鄧小姐哪裡去了？」

方君問。

「不知道。她的年齡比我大，現在應該是六十多歲的老太太，她早已不是小姐了！

說起來很有趣，男生隊和女生隊都在武昌兩湖書院，兩隊僅一牆之隔。男同學裡面有頑皮的，他們在厚厚的磚牆上，挖了一個茶碗大的洞，有時偷偷地看我們在操場上散步；起初幾天，誰也沒有發覺，直到有一天突然看見有人由洞裡丟進一封情書來，這件事給楊連長知道了，他大發脾氣，非把那位男生開除不可！一面叫勤務兵將洞堵住。

每次遇到男女兩隊有共同活動節目，或者聽名人講演，或到閱馬廠去參加閱兵典禮，是女同學們最傷腦筋的時候；因為我們每個人的名字都是寫在制服口袋上角的，例如『中央軍校女生大隊，第×中隊，第×分隊，學生×××』。儘管在跑步的時候，男同學裡面，也有回過頭來看我們徽章的，有一次還有人摔了一跤呢！」

哈！哈！哈哈！我們都笑得喘不過氣來。

「現在，要聽聽您的故事了！」

一向沉默的李同學開口了，她是特別注意傾聽的，臉上總是浮著微笑。

「我的故事不多，而且一點不精彩，說出來，你們會覺得索然寡味的；原因是我那時候還不懂得交男朋友，更沒有這種需要。我的腦海裡像白雪一般純潔，我只懂得友情，不知道愛情是什麼滋味，記得有一次，我對三位男同學說：

「我有一個理想，不知道將來能不能實現？我想革命成功之後，約集十幾位志同道合的男女朋友去深山裡住著，各人研究自己喜歡的學問；累了，就聚集在一起，有的吹簫，有的拉手提琴，有的吹口琴，有的高歌一曲；我們自己種菜、種花、做飯洗衣；看朝陽晚霞，欣賞日出日落，月明星稀的美景；大家都不結婚，像兄弟姐妹一般一直到老死，你們說好不好？」

「好是好，只是絕對不會實現的，你這是烏托邦，你在做詩人的夢，我相信不久就會醒的。」莫林說。

「我最喜歡寫童話，希望我們的童心永遠存在，我贊成冰瑩的理想，我相信只要我們都有一顆純潔的赤子之心，很可能會實現的。」

艾斯接著說；只有奇沉默不語，我問他的意見怎樣，他笑了一笑說：

「你們的意見我既不贊成，也不反對。人，總要做夢的，不管什麼夢；有，總比沒有的好。」

艾斯聽了，大不以為然，譏諷他是投機分子，後來事實證明他確是如此。

那時候，他們三個人都對我有意，每次借工作來會我，總是三人一道；我還蒙在鼓裡，對他們一視同仁，究竟是鄉下姑娘不同，我的心是那麼純潔，坦白，天真。」

情　書

每天下午吃完晚飯的時候，要在院子裡集合，由連長發信給我們；我是全女生隊信件最多的一個，有次連長把我叫去責備：

「你的信為什麼這麼多？」

「我不知道，他們要寫信給我，我有什麼辦法？」

我彷彿在演戲，裝出無可奈何的樣子。

「你要知道你是個革命軍人，你的責任很大，不可以談戀愛……」

「報告連長，不要冤枉我，我是最討厭戀愛的，下次再有信來，由連長去代拆代行好了。」

「豈有此理！難道有人給你寫情書，也要我代拆代行嗎？滾出去！」

「是，連長！」

我連忙舉手敬禮退出來。

「回來！」

一聲命令，我立刻又走回去！

「一點規矩也不懂，脫了帽，怎麼可以行舉手禮！」

於是我連忙鞠躬，誰知又弄錯了；因為這時我已戴上帽子，結果又挨了一頓罵。

我沒精打彩地走出來，把這倒楣的事告訴矮子樹蓉，她說：「你要小心，今天流年不利。」

有一天，在許多封情書裡面，發現了一封署名水番三郎的。

「喝，這個小日本鬼，也想來追求我，非給他一點顏色看看不可！」

我一面說，一面拆開信來和珊珊、樹蓉三個人一同看。信上寫著：

「我最尊敬的，勇敢的，偉大的女兵……」

「討厭，不要看下去了，我最討厭看那些什麼的，什麼的句子！」

「這人大概受了翻譯小說的影響，所以這麼嚕嗦。」珊珊緊接著我的話說。

情書的內容，是說他在《革命日報》上讀過我幾篇文章，寫得如何流暢，有力，他願意和我做個永久的朋友。

看完了信，我對珊珊說：「你去寫幾句話給他，把他教訓一頓，告訴他，這是一個偉大的革命時代，每個人都要把生命貢獻給國家民族，叫他趕快覺悟，不要再沉醉在粉紅色的夢中！最後還要教訓他，不要寫那些嚕哩嚕囌不通的句子！」

珊珊果然照我的意思寫了，第二天就收到他的回信，沒有貼郵票，是專差送來的。

××同志：

萬分感謝你的回信，我太高興了！你的筆跡是多麼娟秀而有力！你是個聰明的才女，又是個勇敢的戰士，我太欽佩你了！我想最近去看你，親自向你領教，不知你討厭不……？

「當然討厭！」

我不等看完，就把信撕個粉碎，樹蓉連忙搶過來把碎片拼起來讀，她說：「我們來開他一個玩笑，去封信約他來，害他在會客室裡坐上半天，以示懲罰，你說好不好？」

「也好，讓我來對付他。」

星期日的上午九點，果然有一位穿呢質軍服的軍人來找我了，會客單上填的正是水番三郎。我對樹蓉說，看名字是個日本人，如果他不會說中國話怎麼辦？

「哪裡，他既然會寫中文信，一定會說中國話的，不要害怕，我們陪你去。」樹蓉回答我。

「我也去。」容貞笑嘻嘻地跑來。

「又不是和人打架，要你們這許多人去幹什麼？」我說。

「哈哈！三哥要單獨去會情人！」（註：當時我們有十個好朋友，稱為十兄弟，我行三。）

頑皮的容貞，把我說得又好氣又好笑。

「哪位是水番三郎先生？」

我們走進會客室，我站在珊珊的後面說，因為她的身裁比我高一點，可以擋住我的符號。

「我是，請問你是……？」

我的天！那個戴近視眼鏡的大麻子站起來了，雖然不太高，卻很胖；黃黑色的臉上，彷彿爬滿了蒼蠅，這是屬於荀葉斑痳子型的一種。我趕快說：「謝同學不在隊上，她今天出去採買去了。」

「大概什麼時候可以回來?」

「不一定。」

「那麼,我就在這裡等一等吧。」

「好的。」

我們拼命忍住笑走出了會客室,回到寢室裡,倒在床上,笑得腸子打轉轉,肚子痛得直不起腰來。

幾個月之後,才知道那位冒名水番三郎的人,就是鼎鼎大名的潘××。

我說到這裡,她們兩人也笑得喊肚子痛。

母女兵

在我們女生隊裡,姐妹或者叔姪一塊兒當兵的有好幾對;而母親和女兒同在一隊的,卻只有鄭同志她們母女兩人。

矮而瘦的個子,大約四十歲左右,走起路來,一拐一扭,非常吃力;原來她是從小裏過腳來的，怪不得每次出操，總是她落在最後。

「鄭××，你不可以走快一點嗎？」

楊連長叫她。

「是！連長！」

口裡答應著；但那雙尖得像紅辣椒似的小腳，如何跑得快呢？我的天！

每次遇到我們跑步的時候，她就滿臉脹得通紅，汗珠像雨點似的流下，她彷彿要暈倒的樣子，我耽心她；可是又不能幫助她。有時我用同情的眼光向她示意，她那種要笑又現出彷彿要哭的表情，真令我看了難受。

「鄭同學，你的女兒來當兵就夠了，你為什麼也要來呢？」

有一次我這麼傻里傻氣地問她。

「女兒是女兒，我是我，我不能代替女兒吃飯，正像女兒不能代替我參加革命一般。」

說得我臉紅紅地怪不好意思。

「你和我是同志，真正的同志。」

我向她笑了，希望減輕一點我的難過。

「你的話，我聽不懂，什麼是真的同志，假的同志呢？」

「哪，你看，我這雙腳，也是改組派的。」

「你比我好多了，看不出是裹過的；我的骨頭早就斷了，無論怎樣放，也放不開，真恨死了！為了封建社會給我的痛苦太深，所以我願意參加革命，哪怕死在女生隊，我也會感到無限的光榮。」

她說話的音調低沉而淒涼，我知道她來當兵，一定還有其他的因素。

「僅僅只為了裹腳這一個理由嗎？」

「當然不是。」她的頭低下了，好像不願正視我一眼：「我的家庭太封建了，父母替我找到一個婆家，我結婚之後，丈夫把我不當做人看待，整天小心翼翼地侍候他，還要遭到拳打腳踢的虐待；我是個人，不是畜生，即使是畜生，牠也要嚎叫，也要反抗的；可憐我在那種地獄似的家庭裡，度過了二十年，我生了一男一女，他們全家都是重男輕女的，把男孩看做寶貝，吃的穿的都是好的。我們兩母女，等於他們的眼中釘，好幾年前，我就想帶著女兒逃出來自謀生路，可惜老沒有機會；同時女兒年紀小，怕她受不了外面的風霜；幸虧光明的日子來到了，我們有了母女一同從軍的機會，你想，我還捨得放棄嗎？」

說到這裡，她抬起頭來望了望我，我彷彿發現她的眼裡有淚珠在滾動，我連忙緊緊握住她的兩手：

「鄭大姐，你太使我欽佩了！你的忍耐，你的努力奮鬥的精神，使我太感動！我的命運和你差不多，所不同的，你在地獄裡生活過；而我還沒有踏進地獄之門。」

「那麼，你是幸福的。」

「誰知道呢？誰知道將來過的是什麼生活；但我有信心，只要不甘墮落，肯努力上進，總有光明的一天來到的！」

「跑步的時候，你太累了，可以向連長請假免掉這一科目嗎？」

我問她。

「不可以，我不願這樣做，我覺得我們都是女兵，我不應該特別。我方才說過，來當兵是我唯一的求生之路，也是我心甘情願的，哪怕累死在操場上，我也決不後悔；而且還感到無上光榮。」

「是的，連長說過，操場等於戰場。」

我安慰她。

自從有了這次談話之後，我更欽佩她了，那些不懂事的小妹妹，常常會譏笑她的小腳，笑她那拿槍的笨姿勢，笑她跑步時總是落後的窘態；甚至還有人以為她在家沒有飯吃，才來受這種洋罪，真是太不了解她了！

「一－二－一，一二三四！」

每次聽到連長的聲音，我便常常回過頭來看鄭大姐，我害怕她真的暈倒；更害怕她暈倒了永久不能爬起來。

是一個週末的晚上，許多同學還沒有回來，鄭大姐一個人坐在操場的角落裡流淚，我問她受了什麼刺激，她說：

「女兒要我退伍，她說很多同學諷刺她，說她有這麼一個土包子媽媽，使她丟臉，你看，這是什麼話？難道我連參加革命都沒有資格？何況這雙小腳又不是我自己裹的。」

「不要難過，讓我來勸勸她。」

不久，我們分發到前線去做救護工作，沒有看見鄭大姐，也不見她的女兒，一直到今天，我還在懷念她，腦子裡經常會出現她那種跑步時一扭一拐，香汗淋漓的影子。

放步哨

放步哨是一件非常有趣的工作，也是件令人害怕的事情。

那是我和珊珊第一次奉命在女生隊的大門口放步哨，她擔任守門，我在大門外附近巡邏。

「口令！」

遠遠地看見有個黑影在蠕動，我便大叫一聲。

「老百姓。」

對方這樣回答，我的心裡開始嘀咕，萬一是個壞蛋，他也答是老百姓，那麼我許不許他通過呢？

「當然只有讓他通過，」珊珊說：「不要害怕，有我們兩支槍呢！」

「兩支槍，又有什麼用？難道你還敢開槍嗎？」

老實說，我們兩個都是膽小的，一看見那黑黝黝的巷子，彷彿隨時都有個無頭鬼會突然闖出來；或者一個壞蛋跑來搶我們的槍；特別令我們忍受不了的，是下雪的冬天，雖然身上穿著厚厚的灰布軍服，厚厚的棉大衣，全身仍然不住地哆嗦。

「怎麼時間過得這麼慢，她們還不來接班？」

有時我們在自言自語，心裡又著急，又害怕。

——當兵的滋味，真不好受！

我在內心裡自己埋怨起來。

——還沒有上戰場呢，就這麼膽小，怎麼得了！

我真有點耽心。

夜是那麼靜，連樹上飄落一片葉子在空中隨風旋轉，也可以聽出聲音來，那種寂寞淒清的情調，容易使人發生各種感觸，也容易使人憶起甜蜜的家來。

「口令！」

「老百姓！」

一個嬌滴滴的聲音，使我覺得奇怪：

——這麼晚了，怎麼會有女人經過？

她漸漸地走近了，經過我們的門口時，在黯淡的燈光下，發現她蒼白的臉上，塗著血紅的唇膏，一雙失去了亮光的眼睛，沒精打彩地向我斜視了一眼，也許她以為我是男兵，故意向我嫣然一笑；顯然地，那笑是勉強的，有作用的，嫵媚中帶點淒然的表情。我向她點點頭，用右手做了個手勢，表示不留難她，叫她順利地通過；然後，她向我愉快地一笑，走了。

我的心湖開始不安起來，我覺得她是個可憐的女人，這麼晚了，還出來幹什麼？無疑地，她不是舞女，便是什麼交際花、交際草之流。她們為了生活，不得不取悅於男人，過著違反常情的夜生活；我可憐她們，也同情她們，唉！要什麼時候，社會才能正式地走上軌道，男女個個都有正式的職業，都有一個美滿的家庭，都能過著溫暖而幸福的生活呢？

——北伐，北伐成功之後，這樣的社會一定會實現的。

我這樣自己做了回答；其實，這種想法，未免太天真。社會問題，絕不是那麼簡單的，北伐還沒有成功，一個大的變動又發生了，那便是有名的政變——「寧漢分裂」。從此，紅色的魔掌擾亂了整個中國社會的安寧，滾滾的紅流，開始由城市氾濫到鄉村，又由鄉村氾濫到城市，這傷心的回憶，還是到這裡打住吧。

總括說來，放步哨是很有趣味的，它可以訓練我們勇敢、機警、有耐心；忍受寒冷風霜；了解人世艱辛；和責任的重大。我喜歡在站崗的時候冥想；但腦子裡又害怕官長經過，不知道敬禮；或者有人來了，忘記了叫口令，那種戰戰兢兢，如履薄冰的心情，至今每一想起，還餘味無窮呢。

閱兵

幾年前，我陪菲律賓的文藝訪華團到南部參觀，在鳳山軍校，我們參加了一次閱兵典禮，那威嚴，整齊的場面，深深地感動了我，使我回憶到民十五年（一九二六）閱兵的情景來：

那是我生平第一次參加閱兵典禮。一個月以前，我們開始練習操分列式，分行式，橫隊式，縱隊式……種種名目，攪得頭腦脹痛。有的說：「我希望到時候生病，就可以不參加。」有的說：「我希望家裡發生事情，把我找回去。」還有一位同學，更妙想天開地說：「我希望還沒有開始檢閱的時候就暈倒。」

「真是洩氣，為什麼不希望自己那天的精神特別飽滿呢？要知道這是我們破天荒第一次參加檢閱啊！」

我帶著教訓似的口吻說。

「哼！你還高興，要是到時候，你做錯了一個動作，指揮官命令你向左轉，你向右轉，命令向前走三步，你只走兩步，豈不使隊形大亂？」

同學回答我，使我心裡有點害怕起來。

檢閱的日子，一天天近了，我們的心一天比一天緊張起來。這是一個新鮮有趣的玩藝兒，不但沒有見過，連名詞也是入了伍之後才聽說，大家都懷著好奇心等待那個偉大、莊嚴的日子來到。

當我們知道檢閱的主官是我們的蔣校長，(即現在的蔣總統）我們女生隊要排在前面的時候，不知有多少人嚇得發抖，多少人伸舌頭，真的，這太嚴重了，為什麼不讓男生排在前面呢？

「誰叫我們長得這麼矮？」

「長官是尊敬我們，Lady First 呀！」

大家你一句，我一句吵得要命。

檢閱的前一星期，每天都要練操，每一個人都感到疲倦，緊張。晚上老是覺得睡眠不足，起床號吹了，很多人都是閉著眼睛爬起來；白天，三餐飯吃在嘴裡，也是食而無味，有的耽心檢閱那天會暈倒；有的害怕耳朵出毛病，臨時慌張，聽錯了口令，其實這些都是多餘的顧慮，到了正式檢閱那天，我們個個都像注射了強心針似的精神奕奕，眼睛特別發亮，耳朵也特別管事了，它不但沒有聽錯；而且似乎比平時要靈敏，口令的聲音，一傳進耳內，手腳的動作，立刻跟著行動起來。

那真是一個偉大、莊嚴、靜穆的場面，檢閱臺上，校長站在當中，兩旁有大隊長、中隊長、教官、來賓，我們像一堵牆似的站在那裡，絲毫不敢動。

——真整齊！

我在內心不覺讚歎起來。

指揮官的口令一下，我們簡直像機器人似的往左轉，向右轉，分列式，分行式……秩序井井有條，步法整齊，絲毫不亂，沒有暈倒，也沒有人耳聾，更沒有人因為害怕而走錯了步子。

這時候，我們像英雄，雄赳赳，氣昂昂，腦子裡充滿了新奇，興奮；熱血在我們的體內沸騰，我們像開上戰場的壯士，只向前進，沒有後退的。

司令官的口號響亮而熱情，我們彷彿是訓練有素的老兵那麼熟練、沉著，一點也不慌張。

檢閱完了之後，隊上給我們加了菜，打牙祭，連長誇獎我們的動作敏捷，紀律良好，有些地方比男同學還要表現得好，我們聽了，高興得大鼓起掌來。

「經過這次檢閱『的時候』，各位表現非常良好『的時候』，校長見了非常高興『的時候』……。」

我們的鄭大隊長，把他的口頭禪一大堆「時候」搬出來，把我們的肚子都笑痛了。

「女兵真了不起！」

在夢中，我們還記著老百姓對我們的讚美。

打野外

打野外，是一句口語，寫出來，便是野外演習。

這和檢閱是一個強烈的對比，那是緊張的，嚴肅的；這是輕鬆的，愉快的；整天過著課堂、操場的生活，的確，早就厭煩了；突然聽到要打野外，個個興高采烈，手舞足蹈起來。

蔚藍的天，葱鬱的樹林，一望無涯的平原，隆起的山崗，潺潺的小溪；還有青青的草地，牧童騎在牛背上吹笛，鷺鷥在水草中徜徉，白雲緩緩地在山頭移動……這一切大自然美景，是多麼令人心醉啊！

「野外演習，不是叫你們好玩的，你們要假想前面是真正的敵人，你們的任務是衝過去消滅他們，占領他們的陣地，插上我們的國旗……還要搜索陣地附近，是不是還有敵人在埋伏，更要預防他們的後援部隊反攻過來……知道嗎？」

「知道！」

「都聽到了嗎？」

「聽到了！」

那些洪大的聲音，是多麼整齊而有力啊！

老實說，對於打野外，我是有點害怕的，明知對面是一個死寂的山坡，決不會有敵人來刺殺我；但我害怕的是另一個敵人——荊棘。我第一次臥下，就被它刺出血來；還有大螞蟻、四腳蛇，都使我見了就害怕。我喜歡坐在一棵大樹下面靜靜地幻想；或者騎上牛背，把自己幻想成牧童。我還喜歡躺在軟綿綿的草地上，欣賞晚霞的變化無窮；可是演習不是郊遊，一舉一動，都要服從命令。我第一次放槍，聽到「嘭」的一聲，我的心幾乎要從口裡跳出來了，我害怕，我那隻扳機關的手指在發抖，我的心在狂跳，耳朵也嗚嗚地叫起來；頭，特別顯得重，彷彿就要暈倒的樣子。

「怎麼？還有四顆子彈就不放了？」

排長質問我。

「我不想放了，一顆子彈，傷害一條生命，太可怕了！」

我顫聲地回答。

「胡說，對面是樹林，哪裡會有人？」

「打死一隻鳥，我也不忍心。」

「那你怎麼來當兵呢？」

一直到現在，還經常有人問起我：「你當兵的時候，殺過人沒有？」

「沒有，我的槍只打下過一些樹葉。」

說著，大家都笑起來。

可是，我那時，尤其是抗戰時期，我的腰間經常掛著手槍，多麼希望有機會親手殺死一個敵人啊；然而我不敢，也沒有這樣的機會。在嘉定前線，我抓到一個漢奸，他在掙扎著想要逃走的時候，我真的恨不得一槍結束他；只是我沒有勇氣，我太膽小，在這一點上，我承認我是個弱者。

「革命，是不能有慈悲心腸的，你不殺敵人，敵人便要殺死你！何況我們是為了爭取全國人民的自由、幸福，全國的領土完整，徹底消滅軍閥和一切封建勢力，完成國民革命，建設一個民治、民有、民享的共和新中國；因此你們的思想要武裝，行動要武裝……。」

當我每次聽到楊連長說類似這樣的話時，我總是暗地裡感覺慚愧而難過。

——真的，我要變得勇敢，我要堅強起來，我是個兵，我手上有槍，軍人以保衛國土為天職，我應該勇敢的！

*　*　*

回憶是美麗的，甜蜜的，如今偶然和同學們談起北伐時代的生活，覺得那是最令人興奮，永遠不能忘懷的最有意義的生活。

戰時生活

提起我的戰時生活，應該分為四方面來說：第一，是與戰士們在前方過的緊張而艱苦的生活；但那些在《新從軍日記》、《第五戰區巡禮》、《戰士的手》、《在火線上》、《軍中隨筆》等幾部作品中，寫了不少；第二，是從二十九年到三十二年在西安主編《黃河》的生活；第三，在成都的教書和撫育兒女的生活；第四，躲警報。不要小看這些瑣碎的記述，若干年後，這些回憶都會成為寶貴的資料，這裡我且就後面的三種生活，各舉幾個例子來說明在抗戰時期，我們的生活是多麼艱苦；但是在精神上，我們始終是振奮的，愉快的，因為我們總覺得抗戰不管經歷多少年，最後的勝利，一定屬於我們的；因此，不論什麼苦，都能忍受，現在回想起來，還有無窮的甜味呢！

在編輯室——節錄《西安日記》

從前天起，我開始頭痛，一直到今天還沒有停止。昨夜吃了三片安眠藥，頭腦反而更清醒地睡不著覺，我感到非常痛苦，我難過得幾乎要哭起來。

達明為著要使我離開字紙堆，而稍微休息一下腦筋，於是找了眉山和傑弟來玩撲克；但有限的精神，終於支持不到十點鐘又感到疲倦了。

每天上午，文化社的工友，照例要送來一大批稿子和信件，我總是以愉快的心情來讀它；但這幾天的信件，卻意外地使我難受，不是朋友死了，就是某人鬧病、鬧窮，連好幾位青年朋友，我們雖然沒有見過面；可是他們都向我訴苦，唉！他們的困難，我有什麼力量來幫助呢？除了寫幾封信，說些「天無絕人之路」，「船到橋頭自然直」一類的空話來安慰他們外，我還有什麼方法呢？

我是這樣地在矛盾中生活著：他們在家的時候，我感到太嘈雜，太亂，妨礙我的寫作；甚至孩子哭一聲，我也埋怨奶媽為什麼不把他抱走？可是等到他們統統出去了，整個院子裡只剩下我一個人，寂靜得連一隻烏鴉輕輕地從屋頂上飛過的聲音，我也能聽到的時候，我的心卻又感到寂寞起來。

寂寞，應該是從事寫作的好辰光；然而這時我握著筆桿，望著稿紙，呆呆地也不知道望了多久，寫不出一個字，我的心裡很煩，很亂，事情實在太多了，不知道該先做哪些的好。

本來想繼續看稿子的，石帆突然差人送來一封信，她說替我抄的自傳，已經完成了四分之三，要我再給她一些稿紙，還說了許多使我看了感到臉紅的「恭維」話。（過去因為我們有十多年不通消息，也許有些對我誤會的地方，看了自傳的中卷一部分，她才了解我十年來奮鬥的經過。）

看著她替我抄的文章，那娟秀的筆跡，竟和曼曼的一模一樣，唉！這位與我同病相憐，受著不幸命運撥弄的朋友，現在不知飄流到了何方！

是的，為著友人的鼓勵和良友公司的催促，我應該在最短期間內把《女兵自傳》中卷完成，好讓他們出版；但是哪來的時間呢？整天忙著看《黃河》的稿件，回讀者的信，校對，改稿，料理家務……從早到晚，忙個不了，哪裡有時間給我好好地寫我心裡要說的話呢？

想起來，也真太可憐了！自從來到西安已經一年零一個月了，除了去寶雞玩了三天，去臨潼玩了一天外，其餘的日子，都被一張書桌，一支筆，一堆稿子消磨了我的時光。

春天到了，暖和的陽光，是那樣溫煦地在窗外照著我，偶然走出去散步一下，微微風吹得我軟酥酥地像喝醉了酒似的飄飄然，當一陣花香迷住了嗅覺的時候，我想到在後方正有不少青年男女在遊山玩水；同時，在那炮火連天的戰場上，花香雖被火藥氣味代替了；但鮮豔的野花，潺潺的流水，戰士們是很容易享受到的；而一個當編輯的呢？他根本沒有春天，只知道一隻手拿起筆來不再抖了，寫出來的字，也似乎比較清楚有力了，有時，一群小麻雀在窗外吱喳吱喳地叫喚，也許使我偶然停下筆來冥想一下：「這是春天！」然而這又有什麼用呢？春天是春天，我還是我，難道我能因了春光明媚，而整天出外遊蕩嗎？難道我可以向讀者告假，春天可以不看文章，不編刊物嗎？

其實春天的氣候，是溫暖宜人的，夏天看稿子，真是活受罪，一滴一滴的汗珠，滴落在紙上，發出清脆的響聲，有時會把墨水沖淡；晚上，蚊子總動員，DDT和蚊香，都失去了作用。

在一般人的想像裡，以為秋天是寫文章最好的季節，因為秋天的景象是那樣淒涼蕭條；月亮是那樣美麗瑩朗；天空是那麼遼闊縹緲，令人遐思。在古時，秋季是詩人墨客最活躍的時候；但如果做了編輯，哪怕氣候再好，風景再美，也沒有時間和心情來欣賞它，在他的腦子裡，時時刻刻都在想著要怎樣才能把刊物或報紙辦得好，使每個讀者都喜歡？要怎樣才能使讀者投來的稿，最大多數都能發表？要怎樣才能使這刊物達到前方、後方每個愛好文藝者的手裡？我常常看到一堆堆的稿子愈來愈積厚的時候，心裡便自然而然地浮起了一種傷感，（其實這是不必這麼嚴重的）覺得在這些文章裡面，每一句子，每一個字，都是從青年朋友的腦子裡擠出來的，有時為了一首小詩，或者一篇小說，他們要經過幾天幾夜的構思，才能寫成；此外，還有些投稿者因為限於經濟，不能買到十行紙（稿紙更不要說），就用比草紙還粗的舊紙寫成像螞蟻開戰似的小字（這只有他們自己才認得出來）；還有些更苦的，他們連發信的郵票錢都是借來的；但我為什麼不把這些費盡了心血寫出來的作品發表呢？這是為了廣大的讀者，我只好寫封信安慰他們，希望他們不要灰心，只要不斷地努力學習，將來總有一天會成功的！

我知道世界上不知有多少投稿者埋怨當編輯的，詛咒當編輯的，討厭當編輯的，他們責備當編輯的太狠心，隨意把稿子扔在一邊，不給他們發表。其實這真太冤枉了！當編輯的沒有不愛惜投稿者的心血的，沒有在退稿時不感到一陣陣心酸的！根據我的經驗，收到一篇好稿子，比我中了獎還高興，這是一種什麼心理？我無法分析，我相信每個當過編輯來的人，一定都有這種經驗。

寫到這裡，突然油燈滅了，我叫張其善加了油重新點上，花了好幾分鐘，仍然點不著，只聽到水蒸氣發出劈劈啪啪的聲音，原來是奸商摻了水。

「謝先生，沒有辦法，請點土蠟吧。」

張其善說著，我只好失望地拿起那支丟在一旁的土蠟點著，唉！一提到土蠟，就使我傷心！我的眼睛在這一年中間已近視了五十度，過去投考學校，檢查目力，總是我最好的，如今呢？兩天一小痛，三天一大病，實在損失太大了！本來可以改用洋蠟的，但價錢太貴，每晚至少要點兩支，我實在沒有這種購買力。

為了使眼睛不吃虧而又合於節約起見，於是達明提議買盞植物油燈來，每晚只消化五、六兩油就可對付；可是燈罩太容易炸裂，燈芯幾乎兩天要點一個；加之油裡有水，常常點不著，真叫人氣死！唉！該殺的奸商！他們為什麼要抬高物價？為什麼要油裡加水？我恨他們，等於恨日本軍閥！

白天不斷地有人來，孩子也常常吵鬧；加之房子裡的光線太暗，我總不願坐在桌子旁邊受罪，只有晚上，家人都進入了夢鄉，當呼呼的北風吹得窗戶格格地作響的時候，我才開始看稿子，寫信。

難道編輯室的生活，永遠是這麼繁忙、黯淡、清苦、寂寞的嗎？其實也不盡然，有苦也有樂。他正像一個終年勞碌的園丁，辛苦地拔除雜草，播下種子，然後灌溉施肥，小心翼翼地培植它長大，使它開花結實，任遊人欣賞。當他聽到有人讚美：「這花開得真美！」或者「這果子又甜又大！」的時候，園丁的心裡是比他有了百萬家財還高興的。

眼睛變成了近視，背也漸漸地駝了，因為整天坐著不運動的緣故，食量一天比一天減少，胃病又日趨嚴重，關心我的朋友們，上一句是勸我多多休息，下一句卻是「你的文章幾時繳卷呢？」或者是「《黃河》第×期，哪天出版呢？」

唉！編輯室的生活，朋友，這就是編輯室的生活啊！沒有春夏秋冬的區別，整天拿著一支筆，對著一堆稿子。

有誰在吃蜜橘和雪梨的時候，曾想到種樹的人是怎樣掘土和播種的嗎？……

三十年二月二十一日夜於西安香米園

拉風箱

算起來，到今天為止，我已經整整地過了一個月零八天拉風箱的生活了。

記得是去年一月初抵西安的時候，從街上經過，遇到好幾家茶館正在拉風箱，那些紅的綠的火焰從茶壺的肚子裡伸出來，真像一個火舌，非常美麗！我想拉風箱的，如果是個有藝術天才的人，他一定由這些顏色不同的火焰裡繪出各種各色的花樣來；如果他是個詩人，他會寫出一部壯烈的詩來。的確，火焰是太美了，照在拉風箱者的臉上，刻劃出一副為生活而勞苦的瘦臉，雖然他是那麼使人見了可憐，但我相信他的內心一定充滿了希望的光輝和生命之熱力，他的內心會像火焰一般那麼蓬蓬勃勃；至少，在大雪紛飛，朔風凜冽，或者是下霜結冰的早晨晚上，人家都凍得把頭縮起來，兩手插在褲腰裡，嘴裡不住地叫著「冷呵，冷呵」的時候，拉風箱的人是應該可以驕傲的，因為他有火做伴，有火可以溫暖他的身心，從這時起，我對於拉風箱發生了莫大的興趣。

自從奶媽走了之後，於是拉風箱，煮飯，洗衣，掃地，帶孩子，倒馬桶的工作都加到我一個人的身上來了。有時朋友們跑來看到我這副衣服骯髒，兩手烏黑的模樣，他們會問我：「老媽子還沒有找到嗎？」「沒有，老媽子真不容易找呵！」其實只要有錢，天下哪有什麼難事呢？雇一個老媽子，每月起碼要六十元的工錢，連吃帶偷，一月兩百元是只有多沒有少的。可憐我寫文章，一千字只能賣到至多七八元的稿費（這是西安最高的稿費價格），如果按照千字五元來計算，為了老媽子，我得每月寫至少四萬字才行。太苦了！我的腦汁將要流盡，還是少寫幾篇文章，自己來兼任老媽子，多拉幾次風箱吧。

因為感到一天到晚燒煤球太不合算了，佩之天天催我去買風箱，我也覺得拉風箱比較省煤，於是忍痛犧牲了二十九元買了個新風箱來。起初拉的時候非常吃力，就是吃飽了七八個饃饃的人來拉，也會感到太重了，如果塗一點油上去，也許要輕鬆一點，但這年頭，一斤菜油賣到三塊錢，一滴油豈不要好幾分錢？為經濟著想，還是省了它吧。而且藉此可以鍛鍊體力。果然，不到一星期，風箱比較新用時輕多了，我能夠操縱自如，要快就快，要慢就慢。而我的右手膀也一天比一天有勁，以前絞不動一桶水，如今一連絞兩三桶也不覺得什麼困難了。雖然有時我手上的黑炭，會不知不覺地塗到臉上去，使勝子見了大聲叫著：「咦，媽媽，把巴！」（我們告訴他骯髒的東西叫做把巴，因此他也學會了）。連自己都會哈哈大笑，但我並不感到難過，或者給朋友看到了認為羞恥，我反而引以為光榮，我後悔沒有早辭退老媽子，否則也決不至到如今債臺高築。

「怎麼?你的手居然這麼有勁了，拉風箱拉得這麼快！」

有一天三嫂帶著羨慕的口吻對我說。

「哼！我的手不但越拉越有勁；而且我的腦子也越拉越發達了，拉風箱對於寫作真有莫大的功勞！」

「這話怎麼講？」

「因為拉風箱可以不用腦筋，只要你把煤添好了，把鍋裡的水或者饅頭安置好了，你可以閉著眼睛慢慢地思想，在你的腦子裡不管是計劃一篇小說或者一篇散文，你只要把腦子用在一個問題上，那你根本忘記了你的手是在勞動，你只覺得自己的確太幸福了，坐在有熊熊火焰的爐邊靜靜地思想，沒有誰來打擾你，也沒有誰來搶奪你的工作，是一個多麼清靜的環境呀！」

三嫂聽了笑得彎下了腰，勝子不知道是聽懂了我的話還是見我拉得太起勁，他從他的舅母手裡跳下來，兩隻小手一齊幫著我亂拉一陣。自然，這位「小搗蛋」一動手，什麼事都會弄不成，結果仍然要三嫂抱開，我得以從從容容地把一大鍋下麵的水燒滾。

有時我把《黃河》的信件和稿子都帶到廚房去看，一面拉風箱，一面看稿子，那滋味比坐在桌子旁邊有趣味多了。我恨自己為什麼不能發明一個用腳踏的風箱，那麼可以一面做飯，一面寫信，豈不又省時又省事。

現在，我對於拉風箱是越來越感到興趣了，我愛看那生氣勃勃的火焰，愛聽那劈劈拍拍的爆炸聲，只要我肯用力拉，從一塊將要熄滅了的炭上可以燃燒起通紅的火焰來。從這裡我得到了一個結論，人是應該向上的，努力的，奮鬥的！只要你肯動，不管是勞心或者勞力，總有你收穫的一天。

三十年十二月十日夜燈下

窮與病

生活像一條可怕的鞭子，她時時都在抽打我，使我有時感到酸痛，有時感到厭倦，也有時感到興奮。我像一匹駱駝，載著過重的擔子，在漫漫的沙漠旅途上行走，累了，倒下去，爬起來，仍然要走。

我太平凡，太低能，也太渺小了！我常常奇怪，為什麼人家生活得好好的，而我老感著太忙，太累，太苦！朋友們都勸我休息，但我是自己了解自己的命運的。我不能休息，也沒有這種福氣讓我休息。我生來就是一條勞苦的命，即使在和朋友們說話或者遊山玩水的時候，我仍然在想關於工作的事情。我的腦子老沒有閒著的時候，一到晚上睡覺了，夢裡還在工作，還在挑著很重的擔子，在沙漠裡走來走去，因此我很少有甜蜜的夢底時候，我的夢大半都是苦的。

從去年暑假，我的女孩——莉莉——降生到今年的初秋斷奶為止，我過著特別忙，特別苦的生活。每天清早起來首先要替兩個孩子把衣服鞋襪清出來，然後自己才能穿衣洗臉；但他們有時比我還醒得早。在夜裡餵奶的時間裡，老感著睡眠不足，黎明正當熟睡的時候，孩子哇的一聲卻又把我喚醒了。於是只好提起精神，睜開疲倦到極點的眼睛，從床上跳下來，又開始一天忙亂的生活。

急急忙忙地吃完稀飯，餵完奶，有時連衣服也來不及換，頭也忘記了梳，就提著書包授課去，一連講了三小時的書，連開水也得不著一口喝，十二點下課了，早晨吃的兩碗稀飯和一點泡菜，早已消化完了，雖然飢腸轆轆，也只得拖著一雙疲倦的腿子向歸途奔去。剛走到家，書包還沒擱下，莉莉已伸著兩手向我撲來，眼淚汪汪，我的心早在痛了，於是伸手抱過來，先解開扣子餵奶，等到奶吃飽了，然後我再吃佣人給我留下的冷飯菜。

吃了午飯，按照我的身體來說，還應該休息一下的；可是我素來沒有睡午覺的習慣，也沒有睡午覺的福氣，飯碗剛放下，我又要抱孩子或者為孩子們縫衣服補襪子了，這樣，一直忙到晚上九點，把兩個孩子哄著睡了，自己才有分配時間的主權。寫文章，看卷子，預備功課，都是從十點到一點的事情，有時疲倦到眼皮實在睜不開了，我便學著蘇秦「頭懸樑」、「錐刺股」的方法，在我的眼皮上重重地一捻，或者站起來在屋子裡來回輕輕走著，讓瞌睡稍微清醒之後再坐下繼續工作。在日記上常常塗滿了難看的筆跡，有時寫些不通的句子和錯字在上面，第二天翻開來看，我會啞然失笑。遇到這種情形，我為什麼還不睡呢？實在為了白天沒有功夫，所以才把工作留到晚上來做。

提到寫文章，我還要感謝製革學校，因為在家裡受著孩子和老媽子的吵鬧，以及那些柴米油鹽的麻煩，所以老是不能把思想集中；但一走到學校，聽不見孩子的哭聲，看不見老媽子的面孔，四周圍都充滿了書香的氣氛，所以我坐下來就能寫文章，在學生上作文課的時候，照例他們還在搜索枯腸，而我已完成了一篇短文章。

最使我感到苦痛的要算「病」了。從表面上看來似乎我並沒有什麼病，除了黃瘦，除了兩顆大眼珠漸漸地突出，眼眶漸漸地塌下去而外，我並沒有其他的病象，其實我整天都在過著病的生活。先說腦病，這也許是朋友們說的用腦過度，但我始終認為這是廿五年春天在日本坐牢，被日人用刑後的結果。一到下雨或者天陰刮風的天氣，我的腦病就發作了，有時會突然暈倒，有時痛得不能忍受；兩隻眼睛真能「察秋毫之末」，我素來引以自豪的，如今也漸漸由近視而變為視線模糊了。每次如果遇到頭暈眼花的時候，兩個耳朵也像放警報似的嗚嗚地大叫起來。鼻子更是整天流清鼻，整天傷風，這些都是神經衰弱的現象；最近嗓子啞了一個多月也治不好，老實說，我也吃不起藥去治它，一切讓它去發展吧，反正限制病，限制一切活動的是經濟，大家明白，所以也無須寫它。

還有一個病，也使我日夜焦慮而找不到醫治方法的是溼氣。半年以前，左耳患中耳炎，流膿很多，於是中耳炎一變而為外耳潰爛。起初我以為是膿在做祟，後來經醫生診察，才知道是溼氣。一個星期後，右耳也開始奇癢起來，因為每次醫藥，掛號和車費的負擔太重，我一星期，才去看一次，幾乎每次都要遭受醫生的譴責：「為什麼你不天天或者隔一天來看，你不是和病開玩笑嗎？好一點了，就應該天天來看，好把它快點醫好。」

「我的經濟力量，不能允許我天天來看。」

「我不相信，你們兩人做事，難道連看病的錢都沒有嗎？」

遇到這種場合，我只好苦笑一聲。我還能說什麼呢？不但醫生不相信我的窮，甚至連朋友也有不了解我們經濟狀況的。這也難怪，我不能把每月的收支逢人便說，我不能把我所負的債，列一張表掛在牆壁上故意給朋友們看。說老實話，有時口袋裡明明只剩幾塊錢了，但嘴裡絕不敢說窮，為的怕人家笑我；也有時從寄賣行取出賣衣的錢來，立刻又送還給一位借債給我們的朋友，面上還要露著笑容，表示我們的生活過得還不錯。

現在呢？既沒有衣服可賣，也再不好意思向朋友借債了，因為他們的境遇也和我們差不多，只有以絕大的忍耐來接受窮困給與我們的威嚇；對國家，對民族，我們只用「鞠躬盡瘁，死而後已」的話來安慰自己，鼓勵自己。

抗戰快要接近勝利的階段，自然一般人民都要受比往年更大的艱苦，我是在苦海中鍛鍊過來的，能夠把一杯杯的苦酒當做葡萄汁喝下去。哪怕一天吃兩個饅頭過日子，我也能甘之如飴，換句話說，我絕不怕挨餓受凍，但我怕害病！消磨我的志氣，使我時時感到苦痛，希望靜悄悄地倒下，得到永久的休息的也是病。在成都這樣陰多於晴的氣候裡，我相信我的溼氣永遠不會好的。我只有日夜祈禱有那麼一天，能把兩個孩子都寄養在托兒所裡，我又著上戎裝，踏上烽火連天的戰場，去完成我服務傷兵的志願。

三十三年九月二十九日於成都製革學校

雞蛋的故事

「真不得了，雞蛋又漲了價，昨天是七十元一個，今天卻要八十元了，也許再過兩天就是一百，我們怎麼吃得起呢？」

同院住的陳太太提著菜籃子回來，牢騷滿腹地對我說。

「我已經給莉莉斷絕雞蛋了，每天用兩個洋芋代替，好在她不像勝子，不吃雞蛋也並不吵鬧。」

我回答她，愉快地笑了，我慶幸我的女孩子長到兩歲還沒有吃過牛奶，也很少吃到雞蛋；她是從出生就在窮困中過日子，就拿穿來說吧，不是穿她哥哥的舊衣，便是用我的舊衣給她改，朋友都罵我「重男輕女」，說勝子老是穿得整整齊齊，而莉莉老是穿著不合身的童裝。其實她是最美麗的孩子，大眼睛，烏黑的珠子，眼睫毛特別長，小小的嘴，說著一口不純正的四川話。她會做各種喜怒哀樂的表情，會逗人生氣，也會使人大笑，所以朋友們都很喜歡她。

說到雞蛋，在後方成了相當嚴重的問題。記得民國二十九年，我初到西安的時候，看到報上登著重慶的雞蛋已賣到五毛錢一個，我便發誓：「如果西安的雞蛋，也漲到這個價錢，我情願永遠不吃雞蛋。」

後來，一切物價一天一天地往上漲，我只得忍心拋棄了《黃河》，到成都去。初到的時候，三個人上館子吃飯，三個菜，一個湯，只要三十元便夠了，不到兩年，便漲到五千多。最普通而為一般人所需要的豬肉，由二十元漲到五百元，雞蛋也由五元漲到八十元一個，據說這是因為盟軍來了之後才漲的，其實商人素來就不講道理，他高興漲價就漲價，不守法律，也不受輿論的制裁，在後方，一提起奸商，誰都會伸出大拇指來說：「該殺！他們發國難財的罪惡，也和漢奸一樣重大！」

莉莉是在成都生的，究竟年紀小，可以騙她，告訴她洋芋是外國蛋，煮熟後，加上一點醬油或者一點白糖，她會津津有味地一個吃完了，還要第二個；但是勝子可不同了，他比妹妹大三歲，已經進了兩年幼稚園，他會唱二十多首歌，也會躺在地下做「臥下放」，「跪下放」，各種打槍的姿勢，他告訴妹妹說：

「妹妹，不要聽媽媽的話，啥子外國蛋，就是洋芋；你不要上當，我們找媽媽要蛋吃。」

末了，他又用手勢比一比說：「要這麼大一個！」

於是莉莉被挑撥得大哭起來了：

「媽媽，我不要吃外國蛋，我要吃中國蛋，這麼大一個！」

那副可憐而又可笑的表情，真叫人看了心痛極了！

「乖乖，媽媽給你畫很多雞蛋，等下它們都會變成真的蛋，多好吃啊，又香又美。」

於是我開始用紅鉛筆在紙上畫著雞蛋，有大的，也有小的，有橢圓的，也有圓形的。

「媽，這個像廣柑，它也可以變成雞蛋嗎？」

勝子在尋找我的錯處了。

「廣柑只能變真的廣柑，不會變雞蛋。」

「那麼，你還是多畫幾個雞蛋，我要吃十個八個。」

「媽媽，我也要吃十個八個。」

莉莉也學著哥哥的口吻說。

「好的，媽媽給你們畫一百個，一千個。」

手雖然在畫著雞蛋，心裡卻有說不出的淒楚，回想民國二十六年的春天，長沙的雞蛋一元可買一百六十個，而且隨你挑選大個的，新鮮的，想不到僅僅八年的功夫，卻漲了幾千倍！照理，兩個這麼幼小的孩子，每天一個雞蛋，一杯牛奶，應該可以供給他的；如果在戰前，他們也許還可以吃到一點魚肝油，或者豬肝之類的特別營養，如今為了物價高漲的緣故，不但吃不起牛奶；而且連每天早晨二十元的豆漿，最近也停止了，大人們吃點前夜剩下的湯飯，或者買一個燒餅充充飢；但當燒餅賣到三十元一小個的時候，孩子的爸爸，便提議全家吃洋芋當早餐，因為五十元可以買一斤，煮來一家大小都夠吃；只是火呢？又成了問題，因為煮熟一斤洋芋，至少也要花費五六十元的煤，結果這提議，並沒有獲到通過，早晨還是買兩個饅頭來，切成薄片，大家分著吃。

後來勝兒送到離家二十餘里的茶店子托兒所寄宿去了，隔兩星期或三星期接他回來一次，看管孩子的張先生對我說：「勝子的身體並不結實，我們都認為他需要每天增加一個雞蛋才夠營養。」

「是的，雞蛋是應該給他吃的，只是……」

我的話突然像被一顆軟木塞堵住了喉管似的再也說不出了，張先生看出了我的秘密，她連忙安慰我說：

「我們也知道謝先生的經濟情形；可是為了孩子的健康，你還是多寫兩篇文章吧。」

我悽然地笑了，其實我這時的心比刀刺著還要痛，我感到慚愧，為什麼兩個人教書，還不能供給孩子吃雞蛋？是我們太低能？還是社會待我們太苛刻？

孩子像小鳥依人似的牽住我的衣服，倒在我的懷裡，他完全聽得懂我們的談話，用微笑的眼光望望他的張老師，似乎感激她向我求情允許給他雞蛋吃；同時他又用可憐媽媽的眼光望著我，似乎同情我的窮困，我兩眼裡蕩漾著晶瑩的淚珠，極力壓制著情感，使淚珠不要在人前流下。

「好的。那麼我今天先交一千元給孩子買雞蛋吧。」

我從破皮包裡摸出五張兩百元的鈔票交給她，我發現我的手顫動得厲害，孩子卻抬起頭來仰望著我的臉笑了。

「媽媽，從明天起我有雞蛋吃了！」

「好的，吃了雞蛋，就要好好地聽老師的話。」

張先生也愉快地笑了，她說：

「孩子們也真可憐，有些家裡環境比較好的，不但天天有雞蛋吃，有水果吃，而且常常送點心來，為了怕引起別的小朋友的難過，我們現在禁止任何家長送點心來；如果他們不聽，我們就毫不客氣地把點心公開給小朋友們大家分著吃。」

「對的，戰時的小朋友生活，應該一律平等；否則，那些窮孩子們太可憐了！」

說完，我突然驕傲地笑了，因為我的孩子也是窮孩子之一，雖然生活苦一點；但爸爸媽媽對得起他，八年來始終沒有動搖過抗戰必勝的信念，沒有想到要「改行」；更沒有想到要發財，使生活過得舒服一點，雖然孩子常常哭著問：「媽媽，為什麼人家天天吃雞蛋，為什麼我沒有雞蛋吃呢？」這時我寧可讓他啼哭，也不願去想法買雞蛋來填補他的慾望。

抗戰勝利後，我一個人先到漢口，那裡的雞蛋二十五元一個。我每次在街上看到它，便聯想到我那兩個可憐的孩子。不久，他們父子三人也來漢口了，從此每天我們都有一個雞蛋吃，兩個孩子那種高興得手舞足蹈的情景，至今還深深地印在我的腦子裡。

現在我因血裡的脂肪和糖太多的緣故，不能吃蛋黃，使我憶起了戰時的生活。說來也許有人不相信，來到臺灣以後，我們就改吃鴨蛋了，原因是鴨蛋比雞蛋便宜，而且又比雞蛋大，如今說我不能吃蛋黃，我真想從此與蛋絕緣了！

第一次躲警報

前言

自從抗戰勝利到現在，已有二十多年了，每當我聽到試放警報或者警車經過，發出尖銳的叫聲時，我的腦子裡立刻聯想到轟炸的可怕。

我生平第一次躲警報，是民國二十六年八月某日在常州附近，火車開到一處田野的地方，突然停止了。

「下車！下車！統統下車，敵機來轟炸了！」

我帶領的那二十位小姐，從來沒有離開過長沙一步，更沒有看見過敵機，她們一聽到「轟炸」兩字，嚇得手足不知所措，她們幾乎都是由車上滾下來，有的躲在火車下面；有的蹲在草叢裡，一位軍官大聲喊道：

「不要躲在車下，太危險了！趕快散開，躺在草叢裡，臉朝下，不要說話，靜靜地躺著。」

一隊敵機共有三架，向我們的方向俯衝而來，我微微地抬起頭來一望，那三面太陽旗，看得清清楚楚，甚至連司機也彷彿看得見，我心裡想：炸彈不知道是否在這個時候丟？假如落在我們的頭上，那真是：「出師未捷身先死，長使英雄淚滿襟」了。

不知為什麼，我對於轟炸一點也不害怕，腦海裡總覺得「死生有命，富貴在天」。命中註定要死的，怎麼也躲不了；不該死的，不論遇到什麼危險，也會平安度過的；還有一點，也是我有恃無恐的原因，媽媽說：「觀音菩薩是大慈大悲的，她有求必應，遇有困難，你只要叫她的聖號，便會化險為夷。」

我真的不住地唸著：「南無觀世音菩薩。」心裡很安靜，一點也不恐懼。

一連聽到三聲轟隆轟隆的響聲，只見前面煙霧瀰漫，泥土沖天，我的耳朵被震得嗡嗡作響，胸口好像有點氣悶，我低聲地問躺在我身邊的張詠芬：

「她們，該沒有受傷吧？」

「團長，你放心，不會的，上帝會保佑我們。」

她是個虔誠的基督教徒。

我想：菩薩和上帝都會保護我們，一定不會有危險。

敵機飛遠了，她們都從草叢裡爬出來，有的身上沾了許多泥土；有的臉上貼著草；有的臉色慘白，嚇得連話也說不出來。

「今天只是一個開始，以後到了前線，天天都會遇到轟炸，你們只要心裡鎮靜，不驚慌，不亂跑，找個可以躲避的地方臥倒，就不會有危險。」

常副官說著，我們都上了車，一聲叫子吹，火車又勇敢地前進了。

我抓到了漢奸

記得很清楚，這是在嘉定的野戰醫院前面發生的事情：

幾聲尖銳的叫子吹，知道又是敵機來襲了，古醫官叫我們趕快躲進臨時防空洞去，我看見有一個穿著農民服裝的中年人，呆呆地站在那裡，我大聲地叫他：

「老鄉，敵機來了，你趕快躲進洞來。」

他假裝沒有聽到的不理我，我很奇怪：別人都迅速地躲避轟炸，他一個人怎麼這樣膽大呢？我的視線始終不離開他，死死地盯住，正在敵機漸漸地飛近我們的頭頂天空的時候；突然發現他從口袋裡，掏出一塊鏡子來向天空搖動，我斷定這人是漢奸，於是我一個箭步飛跑向前，一把抓住他，口裡大聲叫道：「快來！快來！抓漢奸！抓漢奸！」

我也不知道那時我的力氣何以這麼大，居然抓住了他，沒有讓他逃跑，立刻從防空洞裡跑出來三個人把他抱住，用繩子綁住，幸虧敵機沒有丟炸彈，我們得以從容地送他到軍部去。

「我不是漢奸，你們冤枉我，豈有此理！」

那人拼命掙扎，有人從他的口袋裡摸出兩枚日本錢來。

「這是什麼？日本錢，漢奸的證據！還想抵賴嗎？」

「哼！日本錢？日本錢上沒有寫漢奸兩字，你們冤枉我！」

「如果真的冤枉，我向你賠禮！」

我說著，大家都笑了。

我們一行十餘人，浩浩蕩蕩牽著漢奸前呼後擁地向軍部走去。

大約走了有一里路的樣子，到了一條河邊，忽然一架敵機跟著我們低飛。

「糟糕！我們要中頭彩了！」

我首先發現飛機在緊跟著我們。

「一定是剛才他用鏡子照來的。」

一位勤務兵說，他用四川話問漢奸：

「難道你不怕死嗎？」

漢奸連望都不望他一眼。他又接著說道：

「都是這些漢奸搗亂；要不然，不會炸得這麼慘的。」

敵機越飛越低了，我趕快跳進一座挖好的墓穴裡，並且說：

「我假若炸死了，請你們就把我埋在這裡。」

「不行！這是王連長的墓地。」

勤務兵說。

「空隆」一聲，炸彈丟進水裡了，於是水花四濺，連我們的身上都濺溼了，這時我們每個人都成了泥人，從別人的臉上，可以看出自己的模樣，不覺哈哈大笑起來。

丟下這顆炸彈之後，敵機又飛遠了。

我們繼續前進，總算又逃過了一關。

到了軍部，把漢奸交給軍法處，處長說：

「你們真勇敢，正在不斷轟炸的時候，居然敢走來。」

「唉！差一點，我們和他同歸於盡了。」

我指指漢奸笑著說。

「處長，這個漢奸還是謝團長抓來的，應該特別嘉獎。」

古醫官說，大家又笑了一陣。

「當然！當然！」處長連忙向我握手。

那時候我自己組織了一個湖南婦女戰地服務團，隨軍在最前線為負傷將士服務，她們就推舉我為團長。

防空洞裡生孩子

在戰地，躲敵機成了日常工作之一，這裡並不像後方，有什麼空襲、緊急、解除三種警報，每天一看見敵機臨空嗡嗡地飛來，於是官長哨子一吹，大家都躲進臨時挖掘的防空洞。看見它飛遠了，又都鑽出來。

「它飛得那麼低，我們為什麼不開槍打？」

一位男護士問。

「你還怕他不知道我們部隊的所在，要告訴他們來轟炸嗎？」

古醫官用諷刺的語氣回答他。

「前天我們抓的那個漢奸，不知道怎麼處置？」我問。

「還不是關幾天就放出來了。」

古醫官說。

「他不又要去做漢奸嗎？」

「重要的漢奸，抓到就槍斃了；罪輕的坐幾天牢，訓斥他一頓，又恢復了他的自由。」

「為什麼好人不做，要做漢奸？」

天真的詠芬問。

「還不是為了幾個錢。」我回答她。

正在這時，忽然有人慌慌張張地跑來說：

「不好了！不好了！隔壁防空洞，有個女人生孩子了，她什麼也沒有，正在哭著呢。」

「傻瓜！生孩子是喜事，為什麼要說不好了！來，帶我去看看。」

我說著，跟隨他走進防空洞，只見一個帶血的孩子躺在那裡，少婦正在不住地呻吟，我趕快叫他請古醫官過來替孩子剪了臍帶，自己跑回宿舍去，把幾件衣服拿來包孩子；好在醫務處有的是棉花紗布，於是幾個人手忙腳亂地把他們母子照顧好了之後，敵機已經遠去，又恢復了一片平靜。

「是個男孩，結實得很，將來大了，好打日本鬼！」

勤務兵李健走來，看了一下孩子說。

「老百姓都走了，你為什麼還留在這裡？」我問那少婦。

「我本來也走了的，只因為婆婆說她有十塊大洋，放在一隻小罎子裡，埋在床底下，我要回來挖，挖了半天，也不見影子，可能她記錯了地方。」

「為什麼不要你丈夫來挖呢？」

「他嗎？早就當兵打鬼子去了。」

「你那麼大的肚子，不應該來的，今天要不是遇著我們，你生下孩子怎麼辦？」

「真要謝謝你們，官長！」

她見了我們，不論是誰都叫官長，我抱著孩子領著她走進我們住的地方，還留她吃了午飯，要她好好地休息兩天再回後方。

「不行！不行！我待會兒就要回去，要不然，婆婆還以為我給敵機炸死了呢！」

沒法，我們只好眼巴巴地望著她抱著初生的孩子蹣跚地走去。

「報告醫官，那產婦走沒有多遠就倒下了，手裡還抱著孩子，怪可憐的，我們用擔架床送她回去好嗎？」

「好的！好的！快去，快回！」

古醫官滿口答應。

「這個孩子將來說不定是個偉大的人物，他敢在敵機轟炸的時候降生。」

「說不定還是日本鬼子投的胎。」

喜英說著，大家都笑了。

晚上，像往日一樣，大家都在等傷兵來，豆大的菜油燈，我們嫌它太暗，改為洋燭了，大家你一句，我一句地在談轟炸的悲慘故事：

「老李從蘇州回來說：有母子兩人躲在一個防空洞裡，敵機已經升天，那個八歲的孩子，忽然哭著要吃花生米，母親打了他，他就大哭起來，防空洞裡的人，都在罵他，叫他立刻停止哭，否則給敵機聽到了，會丟炸彈的。

『再哭，我就一巴掌打死你！』

他的母親這樣說，孩子卻哭得更厲害了，不得已，只好讓他出去買花生米；不料他剛走出防空洞不遠，敵機就丟下一個炸彈，正落在他的頭上，活活地把他炸死了！

所以說，死生有命，這孩子是該死的，他要是不出來，那防空洞裡所有的人，都要陪他犧牲。」

古醫官歎了口氣說。

「還有一對夫婦，也是同樣的情形。」李醫官說：「他們倆夫婦感情很好，從來不吵架，躲警報的那一天，突然太太不和他坐在一塊兒，他不懂這是什麼意思，太太說：『你不要理我，我不高興和你在一塊兒。』丈夫以為她發神經病，拼命拉著她，也不知從哪裡來的氣力，她把丈夫的手使勁一摔就摔脫了，於是拼命地跑，丈夫也拼命地追，正在這時敵機已來到他們的頭上，丈夫害怕遭到意外，他停止追，立刻臥下，沒料到就在這時炸彈轟隆一聲，把那位太太炸得血肉紛飛了！」

這又是一個死生有命的例子，丈夫是不該死的，要不，為什麼太太一定要離開他呢？說著，說著，外面一陣腳步聲，又抬來了傷兵，還有兩個老百姓，是白天被敵機炸傷，沒有醫治的，一看見他們那副痛苦的喊媽叫娘的情景，真使人心酸落淚。

唉！日本軍閥，萬惡的日本軍閥啊，你們製造出這麼多罪惡，難道絲毫也無動於衷嗎？

一個不可解釋的謎

古人說：死生有命，富貴在天，真是一點不錯。在抗戰期間，不論在前線或者後方，我有數不清的跑警報經驗，其中大半都是有驚無險，小半我根本不理它，坐在房子裡寫文章，心裡鎮定得很，當時朋友們把我列了一個這麼不通的公式：

冰瑩是炸彈＋大砲＝不怕。

不管他們如何諷刺，我還是我行我素。

回憶二十八年，我和達明在宜昌辦救護人員訓練班，幾乎天天有敵機來轟炸；尤其他們去炸重慶，來回都要經過宜昌，假如每次都躲警報，真是不勝其煩。

那次敵機分批轟炸重慶三天三夜，我的心裡充滿了仇恨和憤慨，只恨自己不是空軍；否則，總有機會和他們拼命，從報上看到那驚人的死傷數目，真叫你咬牙切齒，心痛萬分！

他們炸完了重慶，還帶了幾個炸彈來炸宜昌，正遇著我和陳小姐還在睡懶覺，沒有起床，翠華來叫我們躲警報，說是敵機已在頭頂上盤旋，我回答她：「來不及了，還是讓我們好好地睡吧，萬一炸死了，倒也死得痛快！」

話剛說完，聽到「轟隆」一顆炸彈爆炸的聲音，濃煙吹進房間來了。翠華不管三七二十一，她把我們兩人拖起來，再往走廊上的桌子下塞，上面鋪了一床棉被，我的頭剛進桌下，一隻腳還沒有收進來，就有許多瓦片嘩啦嘩啦地落下來，原來我們的房子中彈了，破片正落在我們的桌子上面；若是稍微遲一點，我們不死，也會被打得頭破血流的。

二十九年在西安，我還經歷過一次大轟炸：那天三哥請我去飯館吃飯，我說：「肚子太大了，出去不方便。」三嫂連忙接著說：「你生了孩子之後，要一個月才能出門，還是今天出去吧，陰沉沉的天氣，敵機不會來的。」

一半為了貪吃，一半也為了不怕炸彈，我馬上答應了；誰知到了飯館，第一道菜剛剛端上桌，就放緊急警報了，三哥命令我和三嫂先走，他在我們後面，我藉口防空洞裡的空氣太壞，不肯進去，三嫂硬拉我，我堅決表示要在最後下去，以便好先上來；沒法，三哥只好答應我，所有的人都進了防空洞之後，我才進去，剛放下門板，轟隆一聲，門板跳起來，有人看見一道紅光從我背上掠過，以為我炸死了，其實我一點感覺也沒有，這時三嫂嘴裡正在不住地唸著觀世音菩薩聖號。敵機飛走了，我第一個出來，猛抬頭，看見前面那個防空洞炸塌了，裡面死了一百多人，有人一隻手掛在電線桿上；有人的頭炸開了花，腦漿流滿了一地，種種慘狀，使人見了心驚膽戰，無限傷心！我想，我們這一百多人真是幸運，如果我躲進那個防空洞，不就完了嗎？我死了還不要緊，可惜我的孩子他還沒有來到這個世界啊。

當天晚上，三哥和震遐他們又扶乩了，一個披散著頭髮的少女降壇來，起初她在沙盤上寫了「哭！哭！哭！」三個字，接著她說：「我叫王幼珠，住在西大街二百八十號。

我被炸死了，一隻腿被一根大柱子壓著，抽不出來，請你們做做好事，替我把柱子移開，我在陰間會保佑你們的。」

第二天三哥他們去西大街找二百八十號，只見這一帶的房屋都炸倒了，問附近人家，確有位叫做王幼珠的小姐炸死了，如今還沒有把屍體挖出來，當時雇了兩個工人來挖掘，果然她的腿子被一棵木頭壓著，這真是一個不可解釋的謎，至今我還在懷疑，難道扶乩真的是這麼靈驗嗎？

還有一件事，也是很奇怪的，二十六年的冬天，我由東戰場撤退到了漢口，某天上午有一次大轟炸，漢口大智門車站被炸，死了很多旅客；獨有一個幾個月的小孩，躺在那裡，一點沒有受傷，只有臉上濺了一點別人的血跡。一個警察馬上抱起來送進醫院，他告訴護士小姐，這個小孩他要撫養，幾天之後，他去抱小孩，護士小姐說什麼也不肯給他，硬說她要撫養，不讓警察抱回去，後來兩人鬧到法院，最後也不知道法官如何判決。那個孩子假如沒有病痛折磨他，如今快三十歲了，一定是個不平凡的人物。

還有一次，也是我永遠不能忘記的。

那是二十六年的十月底，我和第四軍的吳軍長，吳參謀長，黃參議一同由前線回來，坐在一艘小船上，除了我們四人外，還有羅佩蘭和一個勤務兵，一個船夫。一架敵機，發現我們的目標了，它緊跟隨著我們的後面飛。

「完了！完了！我們今天算是真的完了！」

我首先說。

「真糟糕！這裡沒有隱蔽的地方，只好聽天由命。」

黃參議說完，接著輕輕地歎了一聲。

「我們死了不要緊，謝團長不能死。」

吳軍長開玩笑地說。

「為什麼？」

「因為我們死了，你會替我們寫文章，倘若你死了，我們不會替你寫呀。」

「我們都在船上，不是同歸於盡嗎？」

「前面有樹，老板，趕快划到樹下去躲避。」

勤務兵說。

這時候，我們抬頭一望，連飛行員的臉孔是什麼模樣，都看得清清楚楚，斷定馬上就要中頭彩了，反而心裡很鎮靜。

「軍長，請你們上岸躲一躲。」

勤務兵指揮我們，我們只好立刻上岸。

「噗通」一聲，炸彈落在水裡了，離開我們的船，只有三四尺遠，好險！假使我們的動作稍微遲鈍一點，那麼七個人都要水葬了！

現在想到這裡，我的背脊上還有涼涼的感覺。

俗語說，「大難不死，必有後福。」我這一生也不知經過多少大難；可是「福」在哪裡呢？大概就是能活到今天，還在填方格子，就是上天賜給我的厚福吧？

狂歡之夜

「如果有一天日本向我們無條件投降，今天得到這個消息，明天我要是不捲起鋪蓋跑路的不是人！」

這樣的話，我不知說過多少次了，朋友們都笑我：

「這句話不知聽了多少次了，到時你如果不走呢？」

「我不是說過嗎？不走就不是人！」

「是什麼？」

「什麼都行！」

接著是由每個人嘴裡發出來的「哈哈」笑聲。

從戰地來到後方的人，幾乎每個人都懷著同一的希望，什麼苦都可以忍受，只要快點打勝仗，快點回家。

「唉！看看我們快要拖死了，如果還不把日本軍閥消滅，我們真有點吃不消。」

「怕什麼？他們比我們更苦，老實說，我們再打八年十年也可以不愁沒辦法，日本最多能支持一年，也許今年年底就要把他消滅，大家可以回家痛痛快快地過一個團圓年。」

「好的，但願如此，哪怕我們都拖死了，只要中國勝利，也是值得的。」

這兩位教授太太，她們常常談到回家的問題。為了孩子，為了無法維持生活，兩人都在教書，有時雇不著佣人，常常一連兩三個月都自己做飯洗衣，真的到了拖得精疲力倦的時候。她們有時兩個人抱著孩子同時在院子裡散步，口裡哼著流行的抗戰歌曲，有時也談到將來回家如何快樂，如何痛飲的事情。

可是，一天兩天，一年兩年，日子竟悄悄地消逝了，而勝利的希望仍然渺茫，於是有的人消極了，有的人在高喊著：「今年是我們的勝利年！」

「年年都說勝利年，可是真正的勝利，什麼時候來到呢？」

「何必你發急，總有一年是我們真正的勝利年！」

儘管她們的自信力不同，但她們一顆希望國家勝利，希望早點回家的心是一樣熱烈，一樣純潔的。

一九四五年的八月十號，這一個轟動全世界，在歷史上多麼光榮多麼有意義的日子，終於降臨了！

這一星期來，為了氣候太壞，不是下雨，便是天陰，人們的胸膛裡被一種莫名的悶氣阻塞著，使他們透不過氣來；加之原來是三天停一次電的，如今成了有時七天也看不見一次光明，在鬼火似的菜油燈下，大家的眼睛都變成了近視，所以他們如果遇到有朋友來了，談起天來，起碼也是兩三個鐘頭。

「多談一會吧，反正不能做事。」

這天——八月十號——晚上也正在這種情形之下，我們家裡聚集了四位朋友在談天，大約八點鐘的時候，忽然聽到一陣急促的腳步聲從我們的窗下經過，接著是一聲大喊：

「報告你們好消息，日本投降了！日本無條件投降了！」

一面大叫，一面飛也似的跑了。

「這是范先生的聲音吧？」我問達明。

「是的，他從哪裡得來的消息？」

「可不可靠？」

「是不是真的？」

「也許他在開玩笑？」

「也許他發了神經病？」

大家半信半疑地在猜想，又在高興。

這時候屋子裡突然少了一個人，達明悄悄地溜出去了，兩三分鐘了還不見回來，我悶得慌，突然站起來向院子裡大聲嚷著：「大家聽著：日本投降了！日本無條件投降了！」

全院子的人，大大小小都向我的屋子蜂擁而來。

「你從哪裡聽來的消息？可靠嗎？是真的嗎？」

一雙腳正在害溼氣的尚義，也一拐一拐地走來興奮地問。

「是剛才范先生來說的，達明打聽去了。」

「得了，還在打聽，不要害得我們空喜一場。」尚義太太很著急似的說。

正在這時，達明手裡拿了四封鞭爆回來了。

「告訴你們，我口袋裡的全部財產是兩千元，如今統統買了鞭爆，哪怕明天早晨餓肚皮，今晚也要大大地慶祝一下，你們知道嗎？真的是日本投降了，哈哈！無條件投降！」

「委員長正在廣播呢，你們去聽吧。喂喂，女伢子，快點火來放鞭爆。」

達明說話的聲音和他的態度，完全像個瘋子，惹得大家又笑又樂。尚義似乎還在懷疑，他終於跛著腳一拐一拐地也跑去打聽真的消息去了。

劈劈啪啪的鞭爆開始在黑夜中發出特別尖銳的響聲以後，一陣像爆雷似的口號聲起了！

「打倒日本帝國主義！

中國勝利萬歲！

中華民國萬歲！」

孩子們比大人更叫得起勁，也更叫得有趣，莉莉剛滿兩歲不久，許多字音還咬不正，就拿「中華民國萬歲」這一口號來說吧，她叫的是：

「欽卡民固萬季！」

可是嗓音是那麼圓潤而清脆，好聽極了。

「莉莉，你再叫！」

於是一聲，兩聲，無數聲的「欽卡民固萬季！」的口號在大人們的笑聲裡響著。

立刻，尚義和其玉也買了鞭爆回來了，他們一面命令太太趕快點火，一面鼓掌大叫大跳，尚義完全像個瘋子，他抱起太太來就是一個Kiss，轉過身又把達明抱著Kiss，放下達明，一雙手把陳小妹舉起來，達明也把莉莉舉起來向空中一拋，我耽心她摔傷了，連忙從他的手裡把孩子奪過來，但莉莉不肯，她說：「我要爸爸，我要爸爸丟皮球。」勝子也爭著要爸爸抱他丟皮球，長泰站起來說：「我要走了，趕快回去告訴我太太高興高興」，蜀芳也連忙往外跑，她說：「我叫聾子學生買鞭爆放去！」

「哈哈，聾子反正聽不見的，遲放早放有什麼關係？」

「不！他們聽不見可看得見呀！」

她還是固執地走了。

足足有半點多鐘，我們的爆竹聲沒有間斷，接著是同巷子的爆竹聲和大街上的打成一片，等到大家都把袋子裡的法幣搜出來再去買時，爆竹的價值已漲了三倍，而且一連跑了好幾家才找到一封。

喜歡看熱鬧的人，都跑到大門口去了，因為街上已經開始自由結隊遊行叫口號，喊叫賣「號外，號外」的聲音，汽車的喇叭聲、鼓掌聲、笑聲、口號聲，鬧得全城都在咆哮，都在發狂。

承澎一手提著兩瓶酒，一手抱著一大包花生米，滿臉堆著笑容回來。

「瑩姐，來！我們來痛飲一場！陳太太，先乾一杯！」

陳太太走進一看，「呀，你這是大麴，我可乾不了！」

「吳太太，先請你乾一杯！」

「不！我一點也不敢喝！」

「唉！勝利了，還不喝酒，這成什麼話！」

「就是醉死了，我們也值得，來！我們乾一杯。」

連我這害了三個多月溼氣的病人也破戒端起酒杯來了，於是大家一飲而盡，接著是第二杯，第三杯……

孩子們圍在桌子旁邊，光只吃花生米還嫌不夠，他們也大聲嚷著：「我們也要喝酒，我們也要慶祝呀！」

一會兒，教堂的鐘聲噹噹地響了，血戰了八年多的東亞和血戰了四年多的西歐戰事宣告停止了，和平之神降臨到這受盡了苦難的人間。全世界的軍閥、財閥、帝國主義者，統統宣布了死刑，全世界的被壓迫者都得到了解放，正義戰勝了強權，真理消滅了黑暗，人類將從此永遠地得著真正自由、平等的幸福了！

「來！我們來一次狂歡吧！把酒喝乾了，再去買，一直喝到天亮，書也不要教了，要她們太太們趕快去收拾東西吧，明天就可以回家了！」

達明半醉半醒地說，孩子們又跟著大嚷起來：「我們要回家！」

誰也興奮得不能睡覺，黑夜竟在人們的狂歡聲中消失了。

再會吧，成都！

今天我要帶著一顆充滿了無限惜別，淒涼的心匆匆地離開成都了！

算起來，我在成都居住的歲月，應該是兩年半，但其中除去我回湖南和去漢口的五個多月，實際只有兩年的光景。在這兩年中，我受盡了一切公教人員在戰時所受過的痛苦；尤其使我痛心的居然有三分之二的時間在病裡消磨。我不敢回憶到當我一面上課，一面耳朵流水的情景，也不敢回憶那一串苦難的日子是如何一分一秒地挨過的。我躺在床上，朋友們環坐在床邊，有的勸我住醫院，有的勸我服中藥，有的乾脆要我只相信單方，不管他們的信仰如何，對於我的愛護與關懷是一樣地可感，熱烈的友情，是一樣地偉大的！

對成都，我曾有過好感，也曾有過惡感，我愛它道路沒有坡，但討厭它不平；我愛它城市裡有小河，像威尼斯一般美麗，但討厭它的骯髒；我愛成都的小吃和那些小巧玲瓏的銀器、竹器，哪怕我只能隔著窗子瞧一瞧，也感到十分的滿足。我討厭電話不通，電燈不明，我討厭街上行人的隨地亂吐；尤其一到冬天，滿地上到處是唾液鼻涕，令人一見就嘔心；還討厭老媽子的無情、懶惰、陰險可怕；可是現在，當我將要告別成都的時候，這一切厭惡的心情都消逝了，留在腦海中的，只有良好的印象；我愛成都，我留戀成都，我覺得華西壩的垂楊，雖然現在是枯黃了，它還像春天一般多情，婀娜地在冷風中飛舞；小溪裡的流水，還是日夜不息地奏著潺潺的曲子，我曾經踏過兩年的足跡，昨天我又一步一步地重溫了一遍。革校的學生，都對我投以驚喜的眼光，我也感到無限的親切，但他們並不知道我很快地就要離開成都。

呵，成都，你的一草一木，都在我的記憶裡刻上了不可磨滅的印象；武侯祠的古柏森森，望江樓的綠竹依依，文殊院的莊嚴靜穆，茶店子的風光幽雅……還有新都的桂湖，寶光寺的佛像，包包店的雞公車，等了兩小時還不見來到的公共汽車，凡是我足跡到過的地方，凡是我坐過的交通工具，我都記念著它，只有一件使我永遠感到遺憾的事，我沒有到過青城，更沒有福氣飽餐峨嵋的秀色，這次在漢口，當一個朋友質問我為什麼不去自流井搜集點寫作的材料時，我只能以一聲長歎回答他，真的，要不是為了旅費的限制，這幾處地方都是我夢想著要去的，而今呢？一切希望都沒有了，只有期待著一個渺茫的未來。

再會吧，成都！感謝你的保護，使我在烽火中平安地度過了兩年的時光。在黎花街出生的小莉莉，如今也能上幼稚園了。我忘不了成都，更忘不了在患難中同情我、幫助我的許多朋友！再會吧，成都！我雖然離開了你，但我會永遠記念著你的！為了行色匆匆，許多友好處都不能去辭行，謹在此遙祝健康！

三十四年十二月十七日別成都之前夕

向驚濤駭浪中前進

來到重慶十二天了，今天還是第一次遇到全市停電，到處都是漆黑一團，只有半明半暗的路燈在放出黯淡的光輝，我心裡突然湧起了一陣傷感，難道我就這樣悄悄地離別了我親愛的朋友們嗎？

到了彈子石碼頭，已經沒有汽船可搭了，只得花了兩千元雇了個小划子橫渡長江，誰知到了那邊，不但看不到滑桿，連一個領路的人也找不到。

「這裡到唐家沱，還有二十多里山路，四十里水路，我又沒有走過，怎麼辦呢？」

衛兵開始著急起來，我也不知要怎樣回答他才好，三個人站在一間還沒有關門的鋪門口，央求那位老板替我們雇一個帶路的，他說：

「這怎麼辦得到？人家早就睡了。」

突然下起雨來了，而且越來越大，時間已過一點，去找人的衛兵還沒有回來，在萬分焦急的心緒下，我下決心先找一個客棧住下，等明天清早再做決定，萬一趕不上也沒有什麼關係，反正廿九號還有一隻船開南京的。

完全出乎意外，不但找不到滑桿，而且連那個花了五百元雇他帶路的人，他說回去打一轉就來的也不見了。

「就這樣決定吧，先去找住的地方，等天亮了再說。」

「還是今晚想方法走吧！免得明早趕不著船。」我的提議，連趙先生都不贊成。

但我仍然不想走，只希望回去，實在也難怪，我的全身都疲倦不堪，似乎什麼地方都可倒下來大睡一覺，這時我很後悔不該在契渠清閣他們那裡喝這麼多酒的。

所謂天無絕人之路，真是一點不錯，忽然來了一個船老板，他願意冒險送我們上船，不過要一萬四千元的代價，結果商量了很久，減少了兩千。

雨，仍然在下，風更大了，小舟在驚濤駭浪中前進，好幾次要翻沒有翻，當一個大風浪打來，或者船駛到了有漩渦的地方，我便閉上眼睛去接受最危險的命運。

這時候，整個的天空是黑暗的，只有江水呈現著白色，我忽然憶起了兩年前的初夏，當我離開藍田，坐著一隻小船經過一個險灘時，三兄曾寄信給我說：「看到你的船向波濤中衝去，我為你祈禱：願你乘長風破萬里浪，渡過險阻的難關，達到和平的彼岸。」默唸著這幾句話，膽量似乎大了許多，我把頭躲在雨傘下面，讓衣服行李都淋著雨，可惜一床佩蘭送我的毛毯，也被披在衛兵的身上成了雨衣。

突然，又是一個大浪迎頭襲來，舟子用著驚慌的語氣警告我們：「千萬不要動，一動就完蛋了！」

我又閉上眼睛，不敢正視這緊張而危險的一幕，但心裡想，萬一遭遇著不測，也沒有什麼關係，因為我已經看到勝利，雖死也可瞑目了。

大約是三點鐘的時候，我們居然達到了目的地，江順輪的電光在放射著明朗的光輝迎接我們，我提著行李從無數的武裝同志中間穿過，擠上了大餐間，打發他們回去後，我才呼了一口長氣。

兩件小行李都打溼了，我把凳子集攏來就蓋著溼被躺下，我忘記了方才的緊張和淋著大雨的艱苦，我微笑著閉上眼睛，真想不到我能這麼快到光復區去，我應當感激曼平他們，再也不恨他們趕我上船了。

「唉！入川難，出川也不容易！」

在夢裡，我的腦海裡忽然湧出這兩句話來。

三十四年十月三日於江順輪次

淒風苦雨話宜昌

一

在一陣暴風雨之後，當西天的雲彩開始呈現著深灰色的光輝，由宜昌城的屋頂上噴著濃黑的炊煙底時候，我們的江順輪慢慢地靠近了招商碼頭。

「呵！宜昌到了！」

「呵，到了我們的宜昌！」

船上的每一個人都像喝醉了酒似的大聲叫著，突然一陣劈劈啪啪的鞭炮響了，原來是招商局的員工在歡迎我們，立刻船上的人報以熱烈的掌聲，所有的人都集中到右邊來了，船身立刻傾斜起來，幸好躉船上的人在用擴音筒大聲喊著：「船右傾了，請大家趕快站到左邊去！」

為了大眾的安全，他們不得不站到船的左邊去，但是他們的眼睛仍然望著城裡，他們的每一顆心都在繫念著城裡的同胞，他們都回來了沒有？房屋毀掉了多少？

這時誰也願意上岸去看看，汽車兵團的同志們在看到他們的黎團長一張除了有任務的准許他們上岸的布告以後，竟立刻以整齊嚴肅的步伐先進了城，我隨著他們的後面，懷著滿腔的熱情投入了一別六載的宜昌懷抱。

唉！太慘了，在船上，遠遠地看到宜昌城滿目瘡痍，到處都是碎瓦頹垣，許多房子沒有屋頂，許多房子沒有門窗，起初我還以為眼睛有毛病，也許太遠了看不準確，直到我走近了濱江路，才知道一點不錯，十分之九的房屋被敵人燒燬了，所有老百姓的財產被敵人掠奪了，我們的同胞，可敬可愛不願做順民的同胞，他們回來了，有的搭了個茅棚在開始做小買賣。有的就這麼一無所有地露宿在瓦礫堆裡，只要是個有心肝的人，看了這副淒涼悲壯的情景，誰不灑下同情之淚呢？只要不是漢奸，誰不痛恨敵人的殘暴呢？

我，兩眼注視著被摧殘的房屋，和那些被難的同胞，熱淚不覺奪眶而出，我不知道應該用什麼話來安慰他們，表示我對他們在瓦礫堆中為祖國忍受著一切苦痛的精神，有著無限的欽佩。

在黑暗中，在雨後的泥濘道上，好容易我找到了《武漢日報》館，他們這群英勇的文化鬥士，這麼內容豐富的報紙，居然在收復後的短短十天之中復刊了。當我聽到他們敘述冒險進城來的故事，我像在讀一首壯烈的詩，我從他們的談話裡，知道了許多敵人的暴行和我們民眾愛國的忠勇事實，我雖然難過，但究竟滿足了。

離開宜昌六年了，六年前的今天，我看到一座多麼美麗，多麼繁榮的不夜之城。今夜呢？岸上的點點燈光像天空裡的繁星，滿目淒涼，一片黑暗。我的心在顫動，全身的血液在沸騰，我把悲哀變成了憤怒，我把憑弔變成了慶祝，敵人的殘暴只能摧毀我們的物質，卻絲毫影響不到我們的精神，我們要在廢墟裡建築起嶄新的社會，我們要在黑暗中創造光明！

三十四年九月三十日午夜於江順輪次

二

提著一盞燈籠，踏著異常泥濘的道路，好容易找到了《武漢日報》，本來我是想進城內看看的，奈何到處都是一片黑暗，辨不出東西南北，加之路又不好走，而時間已到了十一點，只好先去訪問了報館再說。

在一座空洞洞的三層樓上，我見到了《武漢日報》的社長張昭麟先生和編輯杜俊華先生。他們對於我這晚間的來客，起初表示驚訝，漸漸地把話匣子打開，我們便像久別重逢的老朋友那麼談吐自然，而且談話越多，越覺投機，要不是我顧念到他們還要編報，說不定會一直談到天亮的。

首先我向他們這群在瓦礫堆中為文化工作奮鬥的戰士致敬，然後再開始詢問關於敵人退出宜昌的種種情形。

「我是隨著隊伍於九月一號進城的，那時全宜昌城裡的老百姓，只有六千五百餘人，他們不等我們的隊伍來到就每家預備好了國旗，一號那天滿城飄揚著青天白日滿地紅的旗幟，老百姓那種放鞭炮，狂呼口號，鼓掌跳躍熱烈慶祝的情形，為生平所未見。」

「最使人感動得要流淚的，是當我們在街上走著的時候，小學生一見到我們就立正敬禮。」

張社長連忙打斷了杜先生的話說。

「還有一件，也是最令人感動的事！」杜先生繼續著說。

「我們經過三斗坪時，因為肚子餓了，就向一位老百姓買了兩碗蛋炒飯，臨走時給了他五百元，他堅決地不要，並且很誠懇地說：

『你家們替我們趕走了敵人，吃碗飯算什麼？絕對不能收錢，這是我們應該慰勞你家們的。』老百姓實在太可愛了，過去他對我們的隊伍沒有這樣好的感情，如今他經驗到了敵人的殘暴，受盡了敵人給予他們一切的苦痛，一旦從鐵蹄下得到解放，所以特別感到自己的隊伍是親切可愛的，應該尊敬的。」

接著我問起敵人退出時的情形，張社長搖了搖頭說：

「敵人的心永遠是狠毒的，自從知道他們的國家要無條件投降後，便向我們的民眾用鹽換成米，然後又把米倒在長江，最後他們把所有不能帶走的食糧和其他許多的軍用品統統在西壩焚毀，他的用意是絕對不留一點給我們來享受。他們是七號退出宜昌的，秩序很好，一點也不敢亂來，自己知道大勢已去，所以盡量拉攏我們的老百姓，希望不要傷害他們。」

「那麼濱江路這一帶將近三里長的鋪面完全沒有了，是敵人臨退去時焚毀的呢？還是很早便摧毀的呢？」我問張社長。

「這一帶，他們劃為軍事區，凡是日本的部隊都住在這裡，不許他們進城，房子都是以前焚毀的。提到房子，在宜昌目前成了嚴重的問題。在古時描寫劫後的情形，說是十室九空，現在呢？宜昌的房子，被毀得只剩百分之四五了，除了有幾處住著他們的最高軍事長官的房子沒有破壞而外，其餘絕對找不出一所完整的房子。（其實就連周總司令和區副總司令住的房子也是不完整的，有的沒有玻璃，有的沒有紗窗——作者註）現在民眾陸陸續續地回來了，他們都在露宿，不但沒有力量立刻蓋所房子，就是搭一個草棚也沒有地方尋找木料，所以他們希望政府委託四行趕快來宜昌大量建築房屋，如果不假借政府的力量，要希望民眾自己想法，恐怕再經過十年也不會繁榮起來的。」

聽了張社長的話，立刻在我的眼前放映著方才沿途所看到的一切悽慘的景象，他們背著一些破爛的行李歸來，在一片瓦礫或者一叢亂草堆中，他們放下了行李，望著這一塊祖宗留下來的土地，曾經在這裡生育過多少兒孫，艱辛地創造起他們的家業的，而今呢？好像做了一場大夢醒來，一切都完了！房屋成了一片焦土，財產化為烏有，他們怎能不痛心呢？

真的，在目前，宜昌房屋成了最要緊的問題，民眾不能長久露宿，在茅棚裡我看見到處都有病人，如果不趕快解決住的問題，前途真不堪設想。

張社長一口氣說到這裡，時間輕輕地溜過了一個多鐘頭。在黯淡的菜油燈下，映著他的臉色堅毅而沉著，接著他告訴我奎星樓已經倒坍了，報館還是以前的舊址，日人曾在這裡設立了一個日華俱樂部，裡面有白面館，也有一部分營妓，把房子弄得烏七八糟，連門窗都燒掉了，現在正在修理。

「沒有逃走的民眾，大概都染上了鴉片煙的嗜好吧？」

由白面館我突然想起我們可憐的老百姓來。

「當然，至少有三分之二以上是被毒化了的，日本人強迫老百姓吸鴉片，吸白面，他們不敢不吸。」

杜先生回答著，排字房來催稿子了，我只好站起來告辭。

歸途中，見到的景象更慘了，因為下雨的關係，許多露宿在路邊的人都瑟縮地圍著棉被坐在一堆，有些病了的發出一聲聲悽慘的歎息聲，有的仰望著天空像在祈禱什麼，我了解他們內心的苦悶和憤恨，但我不知要怎樣慰問他們，有時我站在他們的門口停了一下又掉轉頭來向前走，這時我的眼睛已盛滿了淚水，我的喉間已淒咽得不能成聲……

三

因為還要裝隊伍的緣故，我們的船需要在宜昌耽擱兩天。

今天，雨下得更大了，士兵們都披上了棉衣，走出房艙，就覺得寒冷，氣候的變化是可怕的，前天還在搖扇子，今天卻要穿棉衣。

黎團長請我在復興酒家吃了一頓很好的紅燒青魚頭尾。記得六年前，我們在這裡辦負傷將士服務工作人員訓練團的時候，幾乎一星期要吃兩次魚，那時一席酒不過兩三元，飽餐一頓魚，不過兩三毛的代價，而今相隔僅僅六年，物價已高出三千多倍了，六年沒有嘗過長江中的鮮魚味道，今天的愉快，絕不是我這支筆所能形容出來的。

飯後，黎團長到報館休息去了，我和黎營長一同向著奎星樓街、南門正街、大小南街一帶走去。學院街、小南街、縣府路，這周圍四五里路的地方，被劃為難民區，築有很堅固的土牆圍著，直到我們的隊伍開來，他們才把牆推倒，從裡面解放出來。

小南街是我永遠難忘的一個紀念地。六年前的夏天，我們在中心小學校裡住著，幾乎每天晚飯後都要和達明去附近的瓦礫堆裡散步一次，有時我看到一個枕頭，或者一件孩子的破衣服，一只破鞋，我都會停住腳凝思很久，我很想知道這些物件的主人到何處去了，他們的家被敵人炸成了一片焦土，他們的生命不知犧牲了多少？

如今呢？連這所僅存的中心小學，曾經挨過十多次炸彈，我的生命也差一點葬送在這兒的紀念地，已經找不到它的蹤跡了。我懷著滿腔淒涼的情緒，默默地在雨中行走，無意中看到一所中心小學，可惜不是六年前的舊地了。我們從大隊的學生中間擠了進去，找到了他們的校長，想知道一點敵人在這兒實施奴化教育的情形，承殷校長介紹一位吳玉林先生和我們談話，他是過去的舊教員，有三年多的歷史，他似乎見了我們有點害怕，談話的時候，帶著顫抖的聲音，我要求他把過去的課本給我看，只有地理和歷史稍微有點不同，還加上了幾課所謂偽滿洲國的題材，高年級學生每週有日語會話六小時，由日語訓練班畢業出來的學生擔任教授，但孩子們都不願意學它。

「最有趣的是，學生們如果聽到某個教員在教室裡宣傳『東亞和平』、『中日攜手』、『英美蘇是中日兩國共同的敵人』的時候，他們便表示不高興，臉上一絲笑容也沒有了，下了課，他們就會三個一起，五個一團的竊竊私語，議論這教員的思想如何如何，如果某個教員悄悄地告訴他們，我們已經苦戰了八年，快要到勝利的時候了，你們耐煩地挨過這個苦悶的時期吧，他們就會高興得流淚。」

吳先生說到這裡，我也非常感動。

「日本人常常到學校裡來找麻煩嗎？」

「不！有時他們的長官偶然來參觀，或者給孩子們訓話，沒有一個高興聽的，他們一走，立刻就可以聽到孩子們的罵聲。」

對於這幾句話我聽了又相信，又懷疑，相信的是：那些可愛的孩子們裡面年齡比較大的人，他也許還記得敵人進城時是如何凶暴，如何殘殺我們的同胞，當然他對敵人只有仇恨，但那些抗戰以後才生長的孩子，他們根本不了解抗戰是什麼，生下來只認識「太陽旗」，只聽到滿口的「東亞和平」、「大日本帝國」、「親善提攜」，叫他從什麼地方去愛國呢？他們受了敵人的奴化教育，一切都改了舊觀，即拿行禮一項來說，我們彎腰的度數，最多是三十五到四十五度；但他們已弄成起碼九十度的習慣，而且那姿勢完全和日本人一模一樣，真叫人看了痛心。

接著我們又談了許多關於敵人的酷刑，吳先生說最少也有二三十種，其中最殘酷的幾種是一、坐水牢，二、電刑，三、灌水，四、狼狗吃肉，五、抽皮鞭，六、火葬……他說如果要知道其中的詳細情形，可以問一位青年團的某同志，他曾經在日本憲兵部受過種種酷刑，如今身上還有好幾處傷痕，但我因為時間的關係，不能去找他，非常遺憾。

信著腳步向前走，到處只看到瓦礫，我不懂我的感情何以如此脆弱，竟時時都想掉下淚來。

腿子已經走軟了，頭也暈了，全宜昌找不到一輛洋車，只得拖著沉重的腳步，懷著一顆淒涼的心，慢慢地回到船上。

滿目瘡痍的武漢

不知是喜悅還是悲哀，當江順輪靠近碼頭的一剎那，江漢關的鐘正噹噹地敲了九下，七年不聽見的聲音，如今重來到我的耳鼓，我竟不能抑制地流下淚來。

武漢——我的第二故鄉，自從你被敵寇凌辱以後，我無時不在想念著你，記得在你淪陷之前我曾和友人談及不應該在報紙上宣傳保衛大武漢，也不用在牆壁上寫什麼保衛大武漢的標語，我好像有一種迷信的預感，凡是有保衛兩字都是不吉利的，自然，這是一種錯誤觀念，但由此可以知道我愛護武漢的深切，我不願因保衛反而失去了我的第二故鄉。

還記得二十八年的夏天，我在宜昌沙市一帶工作的時候，好幾次我想化裝來到武漢，看看你被難後的情形，然而我沒有這樣做，因為朋友們都說這是太冒險的事情。

現在我投入了武漢的懷抱，我看到淒涼滿目，碎瓦頹垣的慘狀；也看到我們忠勇的同胞在艱苦的環境裡掙扎奮鬥的精神，他們的家被炸毀了，骨肉被屠殺了，由祖宗遺下來的產業被掠奪了，他們是多麼痛心，多麼憤恨！然而中華民族是偉大的，每個人都有一顆博愛為懷的心，他們並不像日本軍閥的喜歡報復，他們尤其不願以日本軍閥施於我們的殘暴行為來還給他們。當我看到一隊隊的日兵從街上安靜地走過的時候，我欽佩我們的同胞實在太仁慈了，回憶「九一八」事變的那年，我們在東京的留學生，常遭受日本小孩的侮辱，他們用石子打我們，叫著「亡國奴」的名字來刺激我們，有時一些無聊的浪人還故意假借喝醉了酒的名義侮辱我們，當時我想如果有一天我們勝利了，一定要痛快地報復一下；然而現在是真的勝利了，我看見他們像喪家之犬似的在街上徘徊，反而可憐起他們來，早已消滅報復之心了，如果不是受了軍閥的驅使，我想他們應該都是善良的。

武漢——我的第二故鄉，七年來，你都在敵人的鐵蹄下過著被侮辱的生活，如今是揚眉吐氣的時候了！

現在讓我們向我們的國旗，總理遺像和最高領袖致敬吧，我們從今天起，已開始向建設自由民主的新中國前途邁進了！

三十四年十月八日於漢口

舊地重遊

我帶著一顆淒涼的心，走遍了我入伍的紀念地武昌城，爬上了聳立江濱使我心碎的黃鶴樓頭，在暴風吹得人搖搖欲倒的時候，我仍然帶著一顆淒涼的心回到了胡林翼路。

今天是一個奇怪的日子，暖和的太陽像初夏一般曬得人昏昏欲醉；但是當輪船開行還不到五分鐘的時候，江裡突然掀起了滔天巨浪，立刻江水濺溼了乘客的鞋襪，而且幾乎要翻船，我不幸遇上了這一個有暴風的日子，武昌和漢口竟斷絕了交通，使我不能回去；可是我也得感謝「風」把我留在武昌，使我有機會領略一下戰後武昌城淒涼的滋味。

真的，看到了一別七載的武昌，我的心中有說不盡的酸楚，它是出乎我意外的荒涼，房屋雖然毀的不多，但十室十空，只有一副空架子寂寞地立在那兒，怎不叫人有門可羅雀之感。在過去，中正路（即長街）和胡林翼路這一帶是最熱鬧的街市，如今只稀疏地看到幾家賣香煙和五金洋貨的小鋪子（倒是理髮店有五六家在營業），連一家像樣的飯館也找不到，最令人奇怪的，縣政府如像一所大監獄，裡面陰森森地看不到一點活潑新生的氣象；大門兩邊，繪著兩隻大象，二門頂上，畫著兩個日本財神，兩顆大柱子上，繪著滿清時代的黃龍，連衛兵的房屋模樣也沒有改變過來，仍然是日本式的鋪蓆子的舊觀。我以為像這些敵人留下的汙痕，早就應該消滅，為什麼我們不把那些非驢非馬毫無意義的畫都刷掉，寫上幾個有意義，有力量，使人一見就能振刷精神的標語呢？敵人一侵略到我們的國家，不管他是暫時的也好，長期的也好，都要把房屋改成日本式的，寫上他們麻醉的標語，繪上許多麻醉的漫畫，不但他不願意遷就中國的習慣，而且要中國人也和他們同化，為什麼我們真的就被同化了呢？武漢收復已經一個月了，應該把所有日人的標語和布告刷得乾乾淨淨，重新寫上我們的標語，否則縱使敵人不恥笑我們，難道我們自己也不感到慚愧嗎？

繁榮武昌，成了目前最要緊的工作，幾乎每一間店鋪，每一所房子裡的家具統統被日本兵破壞了，一家旅店的老板寂寞地守住他一所空房子，他指著屋角上一張矮桌子對我說：「你家看，日本人可惡不可惡，連我們的桌子，他也要把腳鋸了，好好的一所房子，他要給你弄得烏七八糟，東隔一間，西隔一間，一切家具都給他燒光了，你家說氣人不氣人？」

房子被破壞得最厲害的是斗級營，因為這裡完全是營妓的大本營，他們把樓房隔成若干小房子，每間住著一位日本的或韓國的姑娘，從那個「慰安所所在圖」上面看來，（為什麼還沒有人去刷掉呢？）這裡共有「太平館」、「福美家」、「明樂館」、「武昌樓」、「松竹」等十家妓館，弄得骯髒不堪，家具全毀，有些駐紮著隊伍的，他們也像日本人似的跪在蓆子上工作，門口仍然掛著「順子」、「富子」……等妓女的名字，使人看了，不禁啞然失笑起來。

快近黃昏了，我又跑去碼頭詢問輪渡的消息，不但沒有輪船，連木船也不敢過河了；聽說兩點的時候，曾有一隻帆船載著七八十人自漢口開來，不幸因風浪太大，都做了波臣，我的心裡雖然感到無限的焦急，尤其和一個朋友約好了今晚去看他的也失了約，更使我難過；但能夠讓我有充分的時間參觀「慰安所」，而且和幾個韓國姑娘談了兩小時的話，又找到了許多關於日本憲兵特務機關的機密文件，未始不是件不幸中的幸事。

晚上，武昌城更像死一般的靜寂，除了街燈，盡是一片黑暗；我相信這只是暫時的現象，在不久的將來，一定會大放光明，恢復過去的繁榮。

三十四年十月九日夜於武昌

怎樣寫《從軍日記》和《女兵自傳》

前言

每次遇到有人提起《從軍日記》，我便感到怪難為情，真的，這本書是我的處女作，論文字，寫得太幼稚了，一點也談不到結構、修辭和技巧，它只能算是北伐時代的報告文學。當初，寫這些日記和書信寄給《中央日報》的副刊編者孫伏園先生的時候，我絕沒有夢想到他會拿來發表的。我因為有了遺失包袱的經驗，害怕寫的日記再丟了，所以就陸續地寄給孫先生，他居然把每一篇都發表出來，不但使我有受寵若驚的感覺；而且我戰戰兢兢地後來竟不敢多和他通信了。

當我在前線看到一位男同學在讀英文版副刊時，我羨慕他有這麼高的程度，他竟回答我說：「正在拜讀大作，寫得好極了！」

我以為他在諷刺我，侮辱我，無端地將他大罵了一頓，直到他把那篇〈寄自嘉魚〉的譯文給我看，才知道已經被林語堂先生每篇都翻譯出來了。

一直到現在，我還不了解當時的謎，為什麼沒有戰地記者，對於前線的生活，和當時的民眾那種如火如荼的革命熱情，很少有報導的，除了我那十幾篇短短的文字而外，很難找到當時的材料，這究竟是怎麼一回事呢？

在這兒，首先讓我向孫伏園、林語堂兩位先生致最誠懇的謝忱和敬意，要是當初沒有他們兩人的愛護和栽培，我想也許不會走上寫作這條艱辛的道路，雖然我絞盡了腦汁，窮了一輩子，苦了一輩子；但同時也得到了不少的快樂和安慰，獲得海內海外無數男女讀者的同情，他們給我溫暖，給我鼓勵，使我到今天還在扶病寫作，這是一股力量，偉大的力量！有時我偶然厭倦了，很想永遠地丟了這支筆；然而當我接到他們一封封充滿了熱情的信之後，我的思想立刻改變了，我不能放下筆桿，除非我的血壓又恢復了一百八十以上。

寫《從軍日記》的動機

說起來，我真是幸運的，自從以一個小丫頭為題材，寫了一篇〈剎那的印象〉投給長沙的《大公報》副刊被發表之後，就一帆風順地走上了寫作之路。我高興極了；但我並沒有得意忘形，我知道自己讀的書太少，文字還沒有寫通，我需要努力，需要虛心地多向文藝界的先進們學習；所以當冰川介紹我和孫伏園、林語堂兩位先生認識時，我就暗中拜他們為老師了。

民國十五年（一九二六）正是國民革命軍由廣東出發，克復了湖南、湖北，在武漢招考中央軍校第六期（在這以前，叫做黃埔軍校，創辦人為國父，校長是現任總統蔣中正先生），同時招收女生兩百多名，我是其中之一。我們要經過三個月的入伍訓練，和男兵一樣，穿著灰布軍裝，打綁腿，著草鞋，還要背誦步兵操典。因為是中國自從有歷史以來，第一次有女兵，所以我們的生活，特別感覺新鮮、有趣。每個人都希望能到前線去直接參加作戰；當我被選為第一批出發鄂西的救護隊時，我高興得跳起來！那次只有二十個女同學參加，我寫了一篇〈出發前給女同學的信〉，是一封充滿了革命熱情的信，勸大家把感情武裝起來，要為國家而犧牲自己的生命，發表於《革命日報》上；還寫了一篇給三哥的信，他看了馬上從長沙趕來武昌和我話別；同時把那封信發表在他主編的《通俗日報》上。

出發之後，我還是照常每天寫日記，把當天的所見所聞或者所想的統統寫在日記裡，我聽連長說：「我們革命軍人的生命，是隨時準備拿來犧牲的；尤其我們出發之後，誰也不敢擔保我們的生命，究竟能活到哪一天。」

真的，一個人的生命，是多麼脆弱啊，一顆子彈，穿過腦袋或者穿過胸膛，只要射中了要害，立刻就完結了。

有了這種感覺之後，我便想多多利用我這支筆，寫一些當時轟轟烈烈偉大的革命故事出來，以反映當時青年們是怎樣地愛國，民眾們是如何地擁護我們的革命軍和革命政府；婦女們是如何地從小腳時代，進步到天足時代，她們從被封建鎖鏈綑得緊緊的家庭裡逃出來，不知經過了多少侮辱和痛苦，經過了多少掙扎和奮鬥，才投入革命的洪爐，和男子站在一條戰線上共同獻身革命。

基於這許多因素，我開始用我這支鈍筆和辭不達意的文字寫《從軍日記》，我沒有絲毫野心想要發表；更沒有夢想到會出書，會被譯成好幾種外國文字，甚至英國和日本的幾間中學還採用它為課本。我只有一個希望，那就是把我所見所聞的事實，忠實地寫出來，寄給伏園先生，讓他知道：前方的士氣，和民眾的革命熱情，是怎樣地如火如荼。那時候，我要寫的材料實在太多了，即使我整天筆不停揮，也寫不完，使我這個初次走上寫作之路的黃毛丫頭，懂得一個原則：那就是沒有偉大的時代和社會背景，是不能寫出好的作品出來的。

不過，在這裡，我要特別聲明，當時我寫從軍日記，腦子裡根本沒有任何希望，並不想拿來發表，只覺得眼前所看見的這些可歌可泣的現實題材，假如不寫出來，未免太可惜了；寫出來，只有寄給孫伏園先生才能保存；至於後來怎麼會出單行本呢？這裡且抄下林語堂先生的一段說明：

> 冰瑩以為她的文章，無出單行本的價值，因為她「那些東西不成文學」（這是冰瑩的信中語），自然，這些從軍日記裡頭，找不出「起承轉合」的文章體例，也沒有吮筆濡墨，慘澹經營的痕跡；我們讀這些文章時，只看見一位年輕女子，身

穿軍裝，足著草鞋，在晨光熹微的沙場上，拿一支自來水筆靠著膝上振筆直書，不暇改竄，戎馬倥傯，束裝待發的情景；或是聽見在洞庭湖上，笑聲與河流相和應，在遠地軍歌及近旁鼾睡聲中，一位蓬頭垢面的女兵，手不停筆，鋒發韻流地寫敘她的感觸。這種少不更事，氣概軒昂，抱著一手改造宇宙決心的女子所寫的，自然也值得一讀……

真的，所有在北伐時代寫的文章，幾乎篇篇都是靠著膝蓋寫成的，有時在行軍的時候，休息的哨子吹了，別人都在閉目養神，我卻趕快搶時間寫幾百字。晚上，在豆大的油燈下面，聽著同學們的鼾聲，我不住地寫，那時我的腦子根本沒有推敲字句的念頭，只管想到什麼就寫什麼，看見什麼就寫什麼，現在我如果重讀一遍，一定會發現許多幼稚、重複的句子，我沒有勇氣再出二十版（已出至十九版）；可是許多朋友看過那本書的都說：「那是一部沒有經過雕琢最自然的作品，是青年人真情的流露，能夠代表那個時代，不管經過多少年，它還是有價值的。」那只是朋友的謬獎，我始終不敢承認它有文學價值。

現在再引一段林語堂先生的話，說明出書的理由：

> 這些文章，雖然寥寥幾篇，也有個歷史，這可以解明我想把它們集成一書的理由，大概在漢口做事而看那時《中央日報》副刊的讀者，都曾賞識過冰瑩這幾封通訊，都曾討論過「冰瑩是誰」的問題。說也奇怪，連某主席（指譚延闓）也要向副刊編者詢問到冰瑩的真性別，這大概是在革命戰爭時期「硬衝前去」的同志，對於這種戰地的寫實文字，特別注意而歡迎；更奇異的，我曾譯其中一篇為英文，登英文《中央日報》，過了兩月，居然也有美國某報主筆函請英文日報多登這種文字，這真有點像「少女日記」的不翼而飛了。我因此想這也許是冰瑩文章的「氣骨」作怪。總而言之，這幾篇文章，的確有過這種影響……

林語堂先生不但在《從軍日記》的前面，寫了這篇序；並且還把所有的《從軍日記》都譯成英文在商務印書館出版，大部分是他自己的散文，書名叫做“*A Girl Soldier's Diary and War Time Essays*”；跟著汪德耀先生馬上把《從軍日記》譯成法文，在法國出版。我真要感謝汪先生，使我有機會得到羅曼羅蘭先生的鼓勵信，他是一位偉大的世界作家，居然寫信給一個沒沒無聞的異國陌生女孩，這件事太使我感動了，也深深地影響我的一生，使我養成不論收到什麼人來信，一定要親自回信的習慣。

《從軍日記》出版了，封面是豐子愷先生的女兒軟軟畫的，剛出來不到一個月，一萬本早已賣光，於是再版、三版一直到十九版，銷路還是那麼好；從此，不知不覺地我走上了這條有快樂也有痛苦的寫作之路，我彷彿做了一個夢，我絕不承認我有什麼寫作天才，我是個世界上最愚蠢的人，也是個腦筋最簡單的人，生來潔身自好，不慕名利，與世無爭，如果問我有什麼特點，那就是能吃苦，不怕窮，不論做什麼事，但顧耕耘，不問收穫；不肯向現實低頭，有跌倒了爬起來，失敗了再幹的勇氣。我想這是先父母給我的好遺傳，也是軍校受訓給我的影響，假如不是參加北伐，我不會了解社會如此複雜，民間如此疾苦，革命如此重要，忠實的民眾和熱情的男女青年是這麼可愛的。

這真是一個漫長的夢，從發表《從軍日記》開始到現在四十年了，我還在寫作的夢裡沒有醒過來，我很想從此丟下筆桿，再也不再幹填方格子的工作；但是朋友們不饒我，他們要逼著我寫，有時候，讀者也不讓我休息，那麼，我只好繼續地寫吧。

關於《女兵自傳》

說句良心話，寫《女兵自傳》絕對不是自動的，完全是被動的。

大概因為有幾位正在辦刊物的朋友，他們看過《從軍日記》之後，就希望我繼續寫第二部作品，性質和《從軍日記》差不多，主要是表現在那個時代的女性，如何地從封建的家庭裡衝出來，走進這五光十色的社會，吃過多少苦，受過多少刺激，始終不灰心，不墮落，仍然在努力奮鬥，再接再厲……

「我不會寫這類的小說，我也毫無經驗，我讀的書太少，沒有表達的能力，希望你們去另請高明。」

我這樣帶著歉意回答他們。

「不！你本身的故事，就是最真實的好材料，你用不著雕琢，只要用寫《從軍日記》那支筆來描寫女兵的遭遇便好了。」

我始終不敢答應，後來林語堂先生在上海出版《宇宙風》、《人間世》，都是提倡小品文的權威刊物，陶亢德先生屢次來信催稿，我寫了幾篇寄去，想不到正在良友圖書公司主編中國文學叢書的趙家璧先生，大為欣賞我那幾篇歪文，他來信要我趕快寫完一部書交給他出版，書名也由他定好了，叫做「一個女兵的自傳」。我當時真是誠惶誠恐，忐忑不安。在《從軍日記》之後，雖然我已出版過一部短篇小說集《前路》，一部長篇小說《青年王國材》，一部散文集《麓山集》，和一部《青年書信》。照理，我不應該這麼害怕，反正材料是現成的，只要把它組織一下，剪裁一下，刪去不重要的部分，保留精華就可動筆了；可是我仍然沒有勇氣答應下來，我覺得這責任太大了！因為這不是一部普通虛構的小說，這是傳記體裁；傳記，百分之百要真實才有價值；否則就成為傳奇小說了。

記得是民國二十一年冬天，我無緣無故地遭受到一個打擊，使我匆忙中離開了廈門中學，回到長沙，正是心灰意冷，感到一切幻滅的時候，趙家璧先生不斷地來信鼓勵我寫自傳，並且限定我在三個月之內完成，我那時一來為了想籌備旅費重渡東瀛，完成我的學業；二來藉寫作可以減少一點精神上的苦悶，於是就勉強答應下來了。

我首先擬定了幾十個小題目，準備每一個題目，最少寫一千字以上，最多不要超過三千。那時候，我還沒有養成寫作的習慣，完全隨著興之所至，有時一連寫上三天三夜也不想睡覺；有時一連十來天也不動筆，所謂一曝十寒，正是我那時的寫照。

斷斷續續地發表了幾篇，接到許多讀者來信，他們等不及一篇篇地讀下去，希望我趕快出版，結果，我終於使他們失望了，一直到我從日本回來才把上卷寫完，於二十五年三月在良友出版。

「這究竟是一部小說，還是寫你自己的真實故事呢？」

不知有多少讀者來信詢問。

當然，我要忠實地回答他們，這是一個女兵的真實故事，絲毫沒有虛偽，半點也不誇張，看起來，書中的主角真像個傳奇人物，她的遭遇的確太複雜，太悲慘，甚至太可怕了！要不是她有堅強的生命力，有奮鬥的勇氣，恐怕早就不在人間了。

當我動筆寫這本書的時候，我就下了一個決心，我要百分之百地忠實，一句假話也不寫，完全根據事實，不渲染，不誇張，只有絕對忠實，才有價值，才不騙取讀者的熱情。

因為材料是現成的，所以寫起來時非常容易；但有時我很痛苦，凡是使我當時傷心落淚的事情，如今描寫起來，同樣使我傷心落淚。有時我連飯也吃不下；甚至整夜失眠。

寫到快樂的有趣的童年生活時，我也會像一個瘋子似的自言自語，哈哈大笑起來。當我寫這些生活回憶的時候，完全把自己帶回到當時的環境，使我重過一次那種生活，嘗一嘗那些酸甜苦辣的滋味，好幾次我丟下筆不想再繼續寫下去；但為了和良友簽了合同，不得不履行。

《女兵自傳》上卷從〈祖母告訴我的故事〉開始，寫到〈第四次逃奔〉為止，出版以後，良友贈我二十本書，除了幾個最知己的朋友外，我一本也不敢拿來送人；更不敢使父母和哥哥他們看到；我想：看過這本書的人，一定有不少的人罵我是叛徒，是怪物，是一個不安守本分的女孩子；更有那些道學先生，說不定會給我加上許多罪名。我心裡又高興，又難過，真是矛盾極了！可是我一點也不害怕，我覺得以一個天真純潔的鄉下姑娘，來和有五千多年歷史的封建思想作戰，她怎能不遭人忌妬，不遭人批評呢？我之所以經過千辛萬苦要離開家跑到外面的主要目的是求學，尋找自由，求自我獨立，不倚賴別人。我沒有絲毫虛榮心，更不敢往墮落的方向著想，在十里洋場的上海，以一個單身女子能夠自始至終不向金錢物質投降，寧願忍受三天三夜的飢餓，喝自來水當飯吃，這一段生活，如今回憶起來，有無限的辛酸，也有無限的快樂，這是值得我驕傲的，我沒有像那幾位主張「識時務者為俊傑」的小姐一樣，走上交際花、明星之路，過著燈紅酒綠糜爛浪漫的生活；在《自傳》裡，上海亭子間和北平女師大一段生活，是最能賺人眼淚的文章。

自從書出版之後，我日夜都在惶惶不安，我怕惹來許多無謂的麻煩，和嚴厲的批評。「反正書已經出版了，你也無法收回，由讀者去批評吧。罵你也好，捧你也好，你只管抱著有則改之，無則加勉的態度就行。」一位好友這樣安慰我，使我緊張的心情，暫時放鬆了不少。

書出版還不到半年，又要再版了！在當時的青年男女們，真是人手一冊，由良友轉來許多讀者的來信，他們安慰我飽受創傷的心，鼓勵我繼續奮鬥；他們不以我的文字率直、拙劣見責，反說我的熱情和勇氣，使他們感動，使他們鼓舞；更有些小姑娘，也要模仿我的方法脫離家庭。我讀了這些信，既感到無限的快樂，又深深地藏著隱憂；快樂的是，我有了許多精神上的朋友，從此不再感到寂寞，也不再是孤軍奮鬥了；耽憂的是，我唯恐害了她們的前程，我是受過無限辛酸艱苦來的，不知她們的小小心靈，也經得起社會無情的打擊否？一直到今天，我這種杞人憂天的心，還沒有完全放下。

為了讀者們不斷來信催我出版下卷，我回答他們：下卷要等我老到什麼事也不能做了才開始動筆，於是在勝利後的第二年，我抱病寫完中卷。

我對於寫作態度，一向都是很認真的，我喜歡把故事裡面的情節和人物，翻來覆去地在腦子裡再三思索，一直到腹稿已經打好，許多對話，我能朗誦出來，這才開始動筆。

記得我在初從事寫作的時候，真像初生之犢不畏虎，只要把要寫的題材，隨便想了一下，便動起筆來；同時也不仔細推敲，想到哪裡，便寫到哪裡；寫完之後，也不重看一遍，更沒有想到過須要修改，《青年王國材》、《青年書信》、《前路》等，便是在這種情形之下寫完的。現在我連重看一遍的勇氣都沒有。

後來年齡一天天增長，讀的書也一天比一天多起來，所謂「學然後知不足」，真是一點不錯，我開始感到恐慌了！我常常在兩種極端矛盾的心情下從事寫作：一方面想拼命地多讀別人的作品，自己最好不寫文章；另一方面，我又想每天規定一個時間來練習寫作，我相信只要不斷地努力，總有把文章寫好的一天；最後，兩種方法同時採用，四十年來，我已寫了一千多萬字的東西；但我沒有一部作品是感到滿意的；而且有一種奇怪的心理，愈多讀別人的作品，愈感到自己的寫作能力不夠，於是便不敢隨便下筆，甚至有時大半年也不寫一個字；不過人的腦子好比一部機器，用得越多，它便越靈活；如果很久不用，它就生鏽，轉動不靈；腦子也是如此，很久不運用，哪怕連一封最簡單的普通信，寫起來也會感到辭不達意。為了這個原因，我又只好天天拿著筆桿，在忙碌中，在生活的高壓下寫，寫，不停地寫。

在我寫過的作品裡面，再沒有比寫《女兵自傳》更傷心更痛苦的了！我要把每一段過去的生活，閉上眼睛來仔細地回憶一下，讓那些由苦痛裡擠出來的眼淚，重新由我的眼裡流出來。記得寫上卷的時候，裡面有好幾處非常有趣的地方，我一面寫，一面笑，自己彷彿成了瘋子；可是輪到寫中卷時，裡面沒有歡笑，只有痛苦，只有悲哀。寫的時候，我不知流了多少眼淚，好幾次淚水把字沖洗淨了，一連改寫三四次都不成功，於是索性把筆放下，等到大哭一場之後再來重寫。

當前面的四章，送進了《武漢日報》的印刷所，一、二兩章已送來校對，而後面四章還沒有開始動筆，正在這個緊要關頭的時候，我突然病倒了！請了一位很有名的中醫曾禹山先生來治我的病，他說我貧血太厲害，神經衰弱到了極點，勸我靜靜地服藥休息，至少在兩個月之內不要用腦筋；但我完全沒有聽從醫生的話，我雖然躺在床上，仍然把稿紙藏在枕頭底下，有人在房子裡的時候，我假裝養病的，不說話，也不打開眼睛，等他們一走，我便偷偷地把稿紙拿出來躺著寫大綱，修改第五、六兩章。(後來把章字都取消了，一律只有小題目)。

提到修改，我永遠忘不了托爾斯泰一連修改《戰爭與和平》七次的故事，我要學他；不過我只改了五遍，有時為了一句話或者一個字用得不妥當，我情願改了又改。

由於在病中工作，(那時我還兼任《和平日報》和《華中日報》的副刊主編，每天要看稿、發稿，還要籌辦一個托兒所)。我的病更加重了！有一天，曾禹山先生似乎生氣了，他說：

「既然不聽醫生的話，還治什麼病呢？前天你的脈剛好一點，今天突然又變了，想必又在用腦筋。」

「沒有，沒有！我只希望快點好，工作不能容許我老是躺著。」

我苦笑著回答他；同時把《女兵自傳》預告四月一日出版，而現在尚差四章沒有動筆的苦衷告訴他，他責備我說身體要緊，而我的看法是信用第一，工作要緊。我終於不聽醫生和朋友的勸告，一面吃藥，一面寫稿，在一星期之內，完成了十三至十六四章，平均每天要寫四五千字，那時托兒所還沒有開辦，兩個孩子在家鬧得一塌糊塗，他們的父親，叫我把房門鎖了，任何朋友來訪也不見；但孩子們鬧得更起勁了，他們在打門，在叫喊，在啼哭，弄得我的心更亂了，寫不下去，只得又開了門放他們進來。

過去，我喜歡在晚上十一點以後和早晨六點以前寫文章，因為那時的環境異常清靜，我可以把腦子裡一切的雜念拋棄，耳朵裡也聽不到一點煩雜的聲音，我把思想回復到十多年前的環境裡，我站在純客觀的地位，來描寫《女兵自傳》的主人翁所遭遇到的一切不幸的命運。在這裡，沒有故意的雕琢、粉飾，更沒有絲毫的虛偽誇張，只是像盧梭的《懺悔錄》一般忠實地把自己的遭遇和反映在各種不同時代，不同環境裡的人物和事件敘述出來，任憑讀者去欣賞，去批評。

寫完〈母親的死〉這一節，我的眼睛哭腫了，淚也乾了；第二天送給三哥看，他的熱淚也像雨點一般滴在我的原稿紙上，旁邊坐著皮靜英女士，她本來是來和我談論武漢婦女運動的事情，看到三哥流淚和我的沉默傷感的態度，再也談不下去了；她告訴我曾經在一家書店看了那本《在日本獄中》受刑的那一段，她竟流下淚來，我聽了萬分高興，我生來就是一個傻子，我不要名，更不要利，我只希望做一個平凡的渺小的人，只願用整個的心力貢獻給文學，讀者的眼淚便是我最大的收穫！讀者的同情，就是我的財產——我的無價之寶！我希望自己的精神永遠年輕，永遠和青年朋友們在一塊兒生活，一塊兒工作。

把中卷全部稿子寫完修改之後，我已瘦得不像人樣了，在太和醫院量了一下體重，居然減輕了五磅，照理我應該趁著這個時候吃點營養的東西；但哪來的錢呢？

中卷出版以後，曾用「女兵十年」的名字在上海北新書局、北平紅藍出版社兩地出版；後來林語堂先生的兩位女公子把它全部譯成英文，由語堂先生親自校正並作序文在美國的 John Day 公司出版，譯名為“*Girl Rebel*”，那是一九四〇年。

當時我還有一個夢想，以為拿了版稅之後，可以到美國遊歷一次，沒想到只在西安收到一百元美金後，便再也沒有收入了。後來日文譯本，韓文譯本出來之後，我只看到譯文，版稅根本沒有人提及。這還不要緊，最使我氣憤的是：香港沒有道德的書商，他們把《女兵自傳》中的幾段選出來出英漢對譯本，改名為《一個女性的奮鬥》，和《饑餓與戀愛》兩本書；又把《女兵自傳》改為《一個女性的自述》，作者改為「羅莎」，由群樂圖書公司印行，我託朋友去調查，香港根本沒有這家書店，可見是無恥的商人盜印的。

來到臺灣以後，我把上中兩卷從頭到尾修改了一遍，由三十六萬字當中，刪去了十四萬字，由力行書局出版，比過去要精彩多了；但還有朋友責備我不該刪的，她們喜歡看原來的本子。去年來，好幾位主編刊物的朋友，要我繼續寫《女兵自傳》，我只替香港的《華僑文藝》寫了一萬多字的〈北伐時代的女兵〉又停止了。為了血壓高頭暈的關係，這篇文章寫寫停停，停停寫寫，已經拖了一個多月，再不繳卷，實在太不像話了，在這裡我要向南郭兄和趙振東先生致謝，向讀者致歉，寫得太不成文章了！

我與白話文

——兼介紹胡適之先生兩首白話詩

我生平第一次和白話文接觸，是看《水滸傳》。我被武松打虎和魯智深大鬧桃花村看得入了神，覺得這是一種最通俗，最能引人入勝的文體。

後來進了新化縣立女校，那時我在高小一年級讀書，二哥從山西為我寄來兩本書，一本是《新演講集》；另一本叫做《新小說集》。前者是胡適之先生的講演；後者是他翻譯世界作家十多篇最精彩的短篇小說；因為那時候自己不會演講，所以對於演講集，根本不感到興趣，連翻一翻的念頭都沒有；倒是《新小說集》上的文章，我看了一遍又一遍，最使我感動的是〈最後一課〉和〈二漁夫〉。這兩篇都是愛國小說，我至今還牢牢地記著裡面的情節，有時和朋友們談及，他們也覺得這兩篇短小精悍，使人一讀便深深地留下不可磨滅的印象。

進了師範，我開始讀文言文，那時我們的國文老師不用固定的課本，而用他自己編的教材；他不管學生的程度深淺如何，嗜好怎樣，只要他所認為好的文章，就盡量像填鴨似的向我們的腦子裡注入，我們讀得最多的，是漢魏六朝的駢儷文。

幸虧後來李青崖先生和周東原先生先後來教我們，開始正式提倡白話，他們還鼓勵我們寫白話文。在當時，真是一種大膽的、革命的運動，一班衛道之士大罵「造反」，他們認為文言文有四千多年的歷史，而白話文是陳獨秀、胡適之先生他們提倡的「我手寫我口」的淺薄幼稚的文字；我當時年紀還輕，不懂得什麼新文化運動，也不敢說出自己有什麼主張；但是，憑心而論，教文言文的老師，儘管他在講臺上搖頭擺腦，閉起眼睛來吟哦：「嗚呼，天下興亡，匹夫有責！」但同學們都聽厭了，她們之中有的打瞌睡，有的偷偷地織毛線；或者偷看小說，遇到教白話文的時候，大家都搶著先看，很少有看不懂的句子，更不要去查字典。

從這個時候開始，我閱讀了不少世界名著，國內出版的文藝刊物或詩歌、小說、散文、戲劇，無所不讀。

胡適之先生的〈差不多先生傳〉，〈終身大事〉，《嘗試集》以及〈文學改良芻議〉，是我們最愛讀的文章，記得有一天，我在背胡先生的〈唯心論〉：

我笑你繞太陽的地球，一日夜只打得一個回旋；
我笑你繞地球的月亮兒，總不會永遠團圓；
我笑你千千萬萬大大小小的星球，終跳不出自己的軌道線；
我笑你一秒鐘行五十萬里的無線電，
總比不上我區區的心頭一念。
我這心頭一念：
才從竹竿巷，忽到竹竿尖；
忽在赫貞江上，忽到凱約湖邊；
我若真個害刻骨的相思，
便一分鐘繞遍地球三千萬轉！

另一位同學連忙站起來和我辯論，他說這首詩不算太通俗，還有更像說話一般的〈除夕詩〉：

除夕過了六七日，
忽然有人來討除夕詩！
除夕「一去不復返」，
如今回想未免已太遲！
那天孟和請我吃年飯，
記不清楚幾隻碗；
但記海參鰱魚下餃子，
聽說這是北方過年的習慣。
濃茶水菓助談天，
天津梨子真新鮮！
吾鄉「雪梨」豈不好？
比起他來不值錢！
若問談的什麼事，
這個更不容易記。

像是易卜生和白里歐，
這本戲和那本戲。
吃完梨子喝完茶，
夜深風冷獨回家，
回家寫了一封除夕信，
預備明天寄與『他』！

在他字上特別加了個雙引號，可能就是指的胡夫人江冬秀女士；因為「五四」初期還沒有男女性別之分，第三人稱，都是寫的他字。

那時候的新詩，還沒有脫離舊詩的窠臼，都要押韻的；因為有韻，所以讀起來容易記憶，不像現代的新詩，不容易背誦。有人說，現代的新詩，比五四時代的好，這是應該的，因為時代往前進，一切科學、文學、藝術，也是進步的；不過飲水思源，沒有五四時代的先輩們替我們打開一條新文化的血路，說不定到今天我們還在「嗚呼噫嘻」中寫之乎者也；儘管一直到今天還有人在課堂上大罵：「文言文有四千多年的歷史，白話文只有四十多年的歷史，你們為什麼不學文言？要去學淺薄幼稚的白話文？」但學子們還是愛好白話；甚至連那些老先生們痛罵「五四」的文章，也都是用白話寫的，這就未免有自己打自己嘴巴的嫌疑了。

雖然，我走的是白話文的路子，讀得最多的是白話文，寫得更多的也是白話文；可是我從來沒有反對過文言，只討厭那些千篇一律，彷彿是一個模子裡排印出來的八股文。我常對同學們說：文學沒有新舊之分，只有好壞之別，好的文學作品，它是經得起時間考驗的，數百年、數千年乃至數萬年，它都受人歡迎，被人擁戴；不好的，沒有價值的，隨時出版，隨時被人遺忘。其實，用不著罵街，更用不著怨恨，我們沒有力量阻止時代前進，自己如果跟不上時代，只有甘心承認落伍。

說來慚愧，我寫了四十多年的白話文，不知挨過多少罵，如今又輪到我的學生挨罵了；好在沒關係，罵由他罵，寫由我們寫，最後的勝利，無疑義地仍然是屬於我們的！

我的嗜好

我的嗜好是多方面的：小時候喜歡爬樹，捉泥鰍，到山中去拾苦珠，採茶，聽故事；中學時代，我喜歡看小說，有時一天看兩本；但那只是看故事，什麼主題、技巧、修辭、結構……連想也沒有想過；而且只要是小說，不管是舊的，新的，外國的，中國的抓來就看。

這也許是我的好習慣，不管什麼書，我總要把它看完才放手。我心裡想：即使是一部不好的小說，我也要曉得它壞在哪裡；假若有人說它不好，我問他：「什麼地方不好，是故事不近人情？還是文字不通？」對方若是回答：「我也弄不清楚，只知道它不好。」我對於他含糊的答覆，一定不滿意，非自己把全書看完，找出它不好的原因不可。

在上海住了一年，我除了嗜書如命外，還喜歡看電影。老實說，只因為我沒有錢，所以每星期只能看一次；假若我有足夠的錢，說不定會天天去看。有一回，我取來《從軍日記》一筆可觀的版稅，我不敢告訴朋友，怕他們要我請客，我一個人一天連看四場不同的電影，那是我生平第一次這樣荒唐。我把這件事告訴我的孩子，女兒說：「媽媽，你要陪我一天看四場，讓我過一次癮。」果然，我在太平，有一次陪她看了三場，累得我幾乎大病一場，年紀老了，連娛樂也沒有精神去享受，真可憐！

一直到今天，我還喜歡看電影——看那些有文藝價值，主題正確的片子；最討厭那些歌舞、打鬥和低級趣味的影片。「翠堤春曉」，我看過八次，「魂斷藍橋」五次，好的影片，我看了永久不會忘記；壞的片子，一面看，一面生氣，回來坐在車上還不住地懊悔。來到臺灣，看電影的興趣大減，原因是好的片子不容易買到票；排隊，我最討厭；買黃牛票，又太貴了，半年難得看兩三回；幸虧現在我的興趣，已轉移到看書與種花上面去了。

書，等於我的維生素，一天不看它，也正如一天不寫日記一樣會感到空虛，若有所失。因為愛書，所以無論到什麼地方，不管是暫住或者久居，總喜歡買些書來把客廳塞得滿滿的；自然，這些書並不是我一個人想看；而是想便利別人。這樣一來，固然朋友、同學來借書的，都表示非常高興，非常感謝我的樣子；但有少數借書一兩年也不還，丟了也不告訴我，使我又氣又惱，曾經有好幾次發誓再不出借書；可是看到他們那種誠懇借書的態度，我又破戒了。

種花是最快樂，又不用花多少錢的工作，只要勞動一下雙手，把土挖鬆，撒下種子，一定有發芽生長、開花的一天。

不過話是這麼簡單，其實要使花種得好，還要付出許多時間和心血：例如澆水、施肥、拔草、除害蟲不算，你還要懂得每一種花的性質，什麼花不能多曬太陽；什麼花不能多澆水；什麼花不要多施肥料；什麼花不能把水澆到葉上，否則就要爛掉，許多問題都不能疏忽，可見種花也不是一件容易的事情。

從一九三二年在廈門開始搜集貝殼，到現在已有三十多年的歷史了。我的貝殼種類一天比一天加多，我的快樂也隨之而增。記得去年冬天，我到二女中去，守亮說：「聽說謝老師喜歡收藏貝殼，我有一個很漂亮的，願意給你看看；但是很抱歉，因為只有一個，而且又是朋友給我的紀念品，不能奉送。」

「君子不奪人之所好。」我連忙說：「我只要看一看就滿足了，絕不會拿走的，請放心。」

一聽和守亮的太太，都哈哈大笑起來。

守亮小心翼翼地從臥室裡把貝殼遞到我手裡，我笑得幾乎連眼淚都流出來了，我說：「這樣的貝殼，我那裡太多了！太多了！你如果要，我可以送你幾個。」

那是一種像坦克車似的貝殼，微駝的背，反面有一條小縫，起初我也以為這種貝殼很美，等到真正找到那些奇形怪狀，色彩鮮豔，花紋特別美麗的貝殼時，就覺得它太平凡了。

守亮聽了我的話，有點怪不好意思，其實我也太不幽默了，不應該這麼坦率的，應該讓他來我家看看我珍藏的那些貝殼就好了。

提到貝殼，我首先要感謝孫虹先生，當他在宜蘭教書的時候，他曾發動他的高足去海濱為我拾貝殼，真虧了他們不怕麻煩，連米粒那麼大的也拾來了；其次是許多華僑同學和戰士，還有菲律賓的作家康沙禮士，他們都是送貝殼給我的，使我的收藏更豐富、更美麗了！

此外我還愛旅行、集郵、收集紅豆、洋娃娃，以及各種小玩藝兒。

過去，我寫文章的時候，桌子上要擺滿小玩藝兒才能觸發靈感，寫出文章來；如今不用了，遇到有人逼稿的時候，不論有沒有靈感，一坐下，攤開稿紙，想寫什麼，就強迫自己寫什麼。過去寫稿是自動的，如今是被動的。我很想恢復自動寫稿的生活；可惜時光不能倒流，而我的文思也不如年輕時的「潮湧」了。我希望這是身體不好的暫時現象；否則未免太令我感到悲哀了！

學烹飪記

民國二十五年的春天，我在日本東京「櫻之家」住，自己煮飯，比在外面吃要經濟得多。雖然，下課回來，已經疲勞不堪了；但為了看在「錢」上，不能不忍受。

誰都說，我的人緣很好，這一點，我不否認，朋友們都喜歡請我吃飯，我總覺得不好意思。有一天，我忽然想到要回請他們一次，還約了兩位日本朋友，竹內和武田。他們都是研究中國文學的，兩人曾經請我吃過飯，這次算是回請。

這天我安排的菜是清燉雞湯、紅燒牛肉、冬筍炒肉絲、番茄炒雞蛋、蝦米炒白菜，這是我生平第一次請客在家裡吃飯，沒有找朋友來幫忙，為的是我要獨立，我想試一試看，究竟我能不能做幾樣菜出來。

「老謝，真有本事，還請了外賓，令堂是個烹飪能手，將門虎子，想必你也有一手，今天我可大飽口福了。」

小郭先來，她一進門就這樣開我的玩笑。

不錯，家母是懂得烹飪的；而且做出來的菜，凡是嘗過的，沒有不讚美的；有時家裡有喜事，十來桌菜，都是她老人家下廚掌鍋；可是，我太慚愧了，非但沒有學到一點皮毛；而且從來不到廚房去看一看，認為吃飯太容易了，沒有菜，用鹽水、醬油泡飯，洒上一點辣椒粉，不是也一樣吃嗎？

現在臨到我受考驗了：

客人陸續來到，我的燉雞還沒有爛，用筷子怎麼也插不進。我一面拜託小郭代我招待客人吃糖，一面滿頭大汗地在弄菜。

「小郭，今天我要垮臺了，沒有一樣菜是好吃的，真丟人，我不配是媽媽的女兒！」

我慚愧地說，心裡實在太難為情。

「不要洩氣，你又不是廚子，菜做不好，沒有人會怪你的。」

小郭安慰我。

我請他們吃午飯，十二點半過了，才開始端上菜來。我的老天爺，我看到竹內夾了一塊紅燒牛肉，因為沒有切斷，好像釣魚似的釣了兩小塊上來，我看得出他的窘態；而我自己呢？更不要說了，真的恨不得地上突然開個洞，讓我鑽進去；或者突然來個大地震，把所有的菜盤子摔破在地上，那麼，我可以藉口請他們上飯館了。

不但如此，情形還有比這更嚴重的！竹內把肉放進嘴裡，一定是用盡了牙力也咬不爛，他又不好意思吐出來，結果只得勉強囫圇地吞下去，此後不但他不敢再下箸，連其他的客人，也不敢嘗試，我說了許多道歉的話，向他們解釋火候不夠，是因為牛肉太老，時間太匆忙的緣故。小郭知道我的內情，連忙替我遮醜說：「她只會寫文章，不會做菜，我們會原諒的！」

這一頓飯，吃得特別久，尤其在我的心理上，簡直有一天那麼長，好容易客人走了，小郭悄悄地對我說：

「老謝，你今天的菜，別的都及格，只有紅燒牛肉，簡直是『紅燒抹布』。」從此「抹布牛肉」成了我的代名詞。

「把日文讀通之後，非把烹飪學好不可！」

我曾經這麼在同學們面前發誓。

結婚以後，外子是山東人，他喜歡麵食，常常教我包餃子，做葱油餅，擀麵條，我總是笨得要命，除了包餃子外，什麼也不會。(我最不會擀皮兒，每次包餃子，都是買的)。

「一個女人不會做菜，是沒有資格當太太的。」

外子曾經這樣諷刺過我。

「是，我知道沒有做太太的資格，從今天起，我要辭職了。」

「那倒不必，我要慰留；不過我有個請求，希望你去學學烹飪。」

聽了他的話，我下決心要學一次烹飪。

首先我從媛珊那裡，學做拔絲山藥，看到她拔出絲來並不太難；可是臨到我來做的時候，就不行了；倒是外子他會拔出絲來，於是讓他吹牛皮了，他說：

「哼！你們女人呀，什麼都不會做，只會坐享其成，天下的名廚、理髮師、裁縫、花匠，都是我們男人！」

遇到這種場合，我會和他大辯一場，結果只好一笑了之。

師大家政系的實習餐廳，價廉物美，我是經常去光顧的，他們附設的成人烹飪班、插花班、縫紉班，我也早就聽說過了；但總沒有時間去參加。前年，我下了個決心報名參加烹飪班，每週星期三晚上七點半至九點半上課，每次兩小時，學習做兩樣菜，兩個月受訓完畢，可做十六個菜。我高興極了，開課的第一晚，我因病沒有去，她們學做了金錢牛扒和鮑魚玉米羹，我沒有拿到講義，還是一位馬來亞的同學（也是我的學生）抄給我的。

第二次我去上課，真是特別高興，二十多年不做學生了，一踏進綜合教室，便看見在鍋爐那邊，貼著這樣的標語：

研習實用技術，發揮創作精神；
利用休閒時間，改善家庭生活。

我看了一下教室裡，大約有三十來個同學，只有我年紀最大。我想：我是老大姐，她們都會另眼相看，也許不會讓我值日吧。

其實，這種想法是錯誤的！我應該老當益壯；果然，我和年輕的一群一樣地洗碗、擺筷子、盤子、洗菜、切菜……我做得很起勁，完全忘了自己的年齡。教我們做菜的是余愛芬小姐，她是廣東人，菜燒得很好，講解得很清楚；先發給每人一份當夜要做兩樣菜的講義，然後詳細講解一遍，怎樣擺菜盤，都要畫在黑板上。記得那盤「扒金銀菇」，周圍擺青菜，用一頭盛鮮蘑菇，一頭盛乾香菇，又藝術，又美味可口。

接著我學了蚵油雞翼、紅燒魚頭、銀湖干貝、什錦豆腐羹、咖哩雞等十四樣菜，其中有一半以上，我都回家試做過了，的確味道不錯；有些因為材料太貴，我只好不實習了。

在那兩個月當中，我每次總是早到晚退，風雨無阻，有時年輕的同學還有缺席的，這也難怪，她們有「約會」啊！

從這時起，我對烹飪，發生了無限興趣，我很有把握地告訴外子：

「你可以請朋友來家吃飯了，我學過烹飪，可以拿得出了。」

「好極了，哪一天讓你有機會表演表演，請他們來評分吧。」

有一天，我終於請了三對夫婦來吃飯，三位先生都要他們的太太拜我為師，我明明知道，他們在開玩笑，於是我笑著回答他們：

「歡迎！歡迎，學費免收，材料自帶！不過有一個特別條件，拜師一定要叩頭！」

說得大家都哈哈大笑起來。

在烹飪班的那一段生活，是非常有趣的，我叫余小姐老師，她也叫我謝老師，把一位太太弄糊塗了，她悄悄地問我：

「究竟你們誰是真的老師呀？」

「我雖然在師大任課，沒有教過家政系，余小姐才是我們真正的老師，她叫我老師，是她太客氣。」

「啊，原來如此！」又是一陣笑聲，充滿了這間廣闊的教室裡。

最有趣的，是大家圍著余老師燒菜，聞到那香噴噴的氣味，口水都要流出來了，菜上桌之後，每人都要分一點嘗嘗味道，其中難免有自私的就多分一點，輪到最後的人，多少要吃一點虧；不過話又說回來了，多吃一口，與少吃一口又有什麼分別呢？所以誰也沒有把這點小事放在心裡。

「喂，還認識我嗎？謝老師！我們是同學啊！」

有兩次我在街上遇著陌生的太太拍我的肩。

「啊，對不起，您是……哪兒的同學？」

「師大烹飪班啊！」

於是我們又哈哈大笑起來。

「菜做得很好了吧？」我問她。

「嗯，不瞞您說，大有進步！」

「我們今年再去學習好嗎？」

「好，只要你去，我一定奉陪。」

如今我還想去學烹飪、學插花，可惜沒有時間。

「媽，虧你還學過烹飪，菜的味道，沒有我做的好。」

儘管我的湘兒曾經這樣譏笑過我；但我一點也不難為情，我要在這裡感謝家政系，她們在烹飪方面給我的教益，實在太大了！

故鄉的過年風俗

儘管我是上了六十歲的老人了；可是存留在腦子裡的兒時生活印象是那麼深刻，那麼鮮明；特別每年一到過農曆年的時候，我的靈魂便飛回我的故鄉，沉浸在溫暖的家裡。

一、做糍粑

「糍粑」這兩個字是俗字，《辭源》、《辭海》上是查不到的，那是一種用糯米蒸熟後，再搗成糊狀，然後先做成一個個圓粑，再放進雕刻有龍鳳或梅花、牡丹花、喜鵲之類的模型裡，用力按幾下，倒出來，便是一個個美麗可口的糍粑。

我家每年至少要做上千個，才能應付這些親戚鄰居。母親最講究糍粑的花樣，她先一天採下一些柏葉來，洗乾淨之後，晾乾，然後摘成一小朵一小朵放在一個盤子裡備用。

做糍粑之前，先放一小朵柏葉在花樣當中，那麼印出來的花紋上，便有柏葉，母親說：「松柏常青，是取吉利的意思。」

有了柏葉還不算，更要用筷子的頭劈成九個四方形點子，用鮮紅的顏色點上去，紅綠相間，其美無比。

這些糍粑，等於現在的年糕，可以在火上烤著吃，也可以用油煎著吃；我記得最好吃的一種，是用豬肉煎得黃黃地，再加葱花、鹽、水燴一下，那味道比雞、鴨還要鮮美。

在農曆年前嫁出去的姑娘，照例新年初三四要回娘家拜年，叫做「回門」。他們要挑一擔或兩擔糍粑回來送給親友鄰居，連新娘經過的街道，鄰居放了鞭炮的，每家也要送四個，以表謝忱。

二、接送灶神

農曆十二月初八日要過臘八節，二十四日家家戶戶要把灶王爺接回來，還要在廚房裡貼一副用紅紙寫的對聯：

上天傳好事
下地降吉祥

在祭祀禮品之中，除了雞、魚、肉之外，還有一樣糖。

「媽，為什麼別的菩薩不敬糖，偏偏要給灶王爺吃呢？」

「人家說是糖會黏住祂的嘴巴，上了天，祂就不多說話了。」

姐姐搶著回答我，媽瞪了她一眼說：

「傻丫頭，你懂得什麼？給祂糖吃，是要祂上天多說好話，多給人間降幸福呀！」

照例元月初四是送灶王爺的日子，短短的一星期，我想祂如果真有靈的話，祂一定把肚子吃脹了。

三、守歲

一提到過年，最忙的便是母親。在一個月以前，她老人家要忙著替我們做新衣、新鞋；過了二十，又要忙著打掃所有的房間，洗抹窗戶、家具。小時候，我最喜歡幫著媽媽、嫂子、姐姐她們打掃，我想從她們掃出來的垃圾裡，尋找我失落了的小玻璃瓶、彈珠或者泥娃娃。

「走開！走開！不要在這裡礙事。」

「趕快出去玩，不要倒幫忙。」

這一類的話，不知聽過多少；但我很有修養，一點也不生氣，我還是守株待兔地站在那裡等待奇蹟出現，有一次，我居然拾到兩枚當二十文的銅板，真是高興極了！

除夕的團年飯，和元旦的第一頓飯，該是過年最隆重的酒席了。

不論在外面讀書的，做官的或者經商做工的，到了廿八、九都要趕回來過年。在我的故鄉——湖南新化，鴨子是不能上桌的，只有雞、魚、肉才能上供。先祭祖先，後拜天地，媽還特地做了幾樣素菜，供在觀音菩薩像前，她要等爸爸和哥哥他們敬完了神，然後率領姐姐、嫂嫂和我一同跪拜。

「媽，我要和爸爸他們一同兒拜，為什麼要男女分開呢？」

從小我就有男女應該平等的意識；但並不懂得什麼是平等。

「好，你還小，那麼就和哥哥他們一起拜吧。」

聽到母親這一聲「聖旨」，我高興得手舞足蹈起來。

拜完了祖宗天地，吃完了團年飯之後，大家圍爐守歲，母親照例要切一大簍子蘿蔔，那些圓的，她口裡唸著：「銀元、銅元。」切一塊塊的時候，她就唸道：「金寶、銀寶。」

——什麼銅元、銀元，金寶、銀寶，還不是蘿蔔，它怎麼會變成錢呢？

我那時心裡想著；可是不敢說出來，怕挨母親的罵。

過了十二點以後，往往哥哥他們都睡去了，只有爸爸陪著媽媽在守歲；我也不肯睡，一定陪媽媽。起初躺在爸爸的懷裡，聽他講故事，唸唐詩；後來不知道什麼時候我睡熟了，直到元旦早晨聽到劈劈啪啪的鞭炮聲，才從夢裡驚醒，僅僅只過了一夜，原來又是一年了！

我最喜歡除夕下大雪，伏在窗口上，望著那一朵朵像棉花似的大雪花落下來，慢慢地把大地變成白銀世界，實在太美，太好玩了！

「瑞雪象徵豐收，明年一定是好年！大家都要幸福了！」

爸爸說著，母親抬起頭來向他笑了笑，然後又撫摸著我的頭說：

「孩子，你又長一歲了，不要再和野孩子在一塊兒玩，學斯文一點，好好地學學刺繡，知道嗎？」

「媽，知道。」

我答應著，望著爸爸，做了個怪臉，爸連忙說：「也要好好讀書，將來好作個女詩人。」

萬分慚愧，至今我還牢牢地記著除夕父母對我說的話；但我既沒有學會繡花，也不會做詩，白白地活了六十年，我實在太愧對雙親了！

四、元旦

有一首歌，是說明故鄉的風俗的。

初一「崽」，初二「郎」，初三初四拜「姨娘」。

「崽」是指兒女，「郎」是女婿，「姨娘」包括姑媽、舅媽以及其他的遠房親戚在內。

意思是說元旦早晨是兒女拜父母、祖父母的；初二才是女婿拜岳父岳母；初三以後就可以廣泛地向親友拜年了。

「鳳兒，明天是元旦，不許哭，只准笑；不要和小朋友打架，搶爆竹；也不要說不吉利的話，見了客人就鞠躬，說聲：『恭喜恭喜！』記得嗎？」

「記得！」

其實我的嘴裡雖說「記得」，一轉身，我又忘了。

我得老老實實地承認，小時候，我的確是個調皮搗蛋的孩子，我完全忘記了自己是個裹小腳的女孩；我喜歡放鞭炮；堆雪人；到水田裡摸螺絲；到樹枝上，屋簷上掏鳥巢。為了有一次元旦，一大清早就和小朋友搶爆竹大哭起來，母親非常生氣，認為這是不吉利的預兆，好在那一年平安地過去了，並沒有發生什麼事情；要不然，我就該挨打了。

元旦這天，在我認為是最漫長的一天，因為有許多話不許說，也不許吵架，哭鬧，大人們對待小孩特別好；只是太不自由。

元旦早晨那餐飯，是和團年飯一樣豐盛的；而且不吃剩菜，都是現煮的，為了這是一年第一頓飯，所以要表示一切都是新的。

五、元宵

「吃了元宵酒，工作到了手。」

媽媽常常這麼說。在我們鄉下，「酒」和「手」字的讀音，是差不多的。

從初二開始到元宵節，幾乎每天或者隔一天就有舞龍的和耍獅子的來。一條龍，至少也有二十二三節，那些舞龍的人，都穿著一樣的服裝，繫著紅紅綠綠的綢絲帶；絲帶左邊，搭著一塊毛巾。有的除了龍外，還有孫悟空，豬八戒等假面具出現；也有和獅子一塊兒來表演的。他們打聽到誰家有新郎新娘回門，便到他們家裡去表演，用一個茶盤，裡面放一些米，米上面擺一個紅包，裡面放八塊現洋，你接著這茶盤後，要將加一倍的錢放在裡面；否則，他們老是在你的院子裡表演，不肯走，鑼鼓響得你震耳欲聾，只好趕快加錢打發他們另去他家。

元宵節的晚上更熱鬧了；從七點開始，一直到深夜三四點，不斷有獅子來表演，自然每家得預先準備紅包，多則六塊八塊，少的兩元四元。那些紅燈從老遠的山坳裡出來，起初像螢火蟲似的飛來，漸漸地燈光大了，像一條火龍蜿蜒蠕動，實在太美，太壯觀！

為了等候獅子，我總不肯睡覺，和母親一塊兒坐在爐火旁邊打瞌睡，一聽到鑼鼓響，立刻精神百倍起來。

從民國前五年，到民國五年，我正好十歲，在這期間，我過著天下太平，快樂無比的生活，農村裡現出一番興旺現象，連最貧窮的利瞎子，也要用沙鍋燉兩斤肉過年，不要說別人了。

那時拜年的風氣，比現在還濃厚，客人一來，往往要住三四天或者一星期才走，天天吃臘魚臘肉，下象棋，看龍獅，生活過得實在太優裕太快活了。

自從十三歲離開了故鄉之後，再也沒有機會過那種歌舞昇平的年了，所遭遇的是窮困、痛苦，受盡冷漠、災難的年，也有好幾個年在飢寒交迫中掙扎，在槍林彈雨中度過。

今年，該是我過的寂寞的年了，孩子們都遠離我而去，只剩下老伴兒陪著我；但願明年今日，他們都能回到我的身邊來；不！不！但願明年今日，我們回到謝鐸山老家，重溫我兒時甜蜜的舊夢！

寫到這裡，文章應該可以告一段落了；但我忽然憶起老鼠子嫁女來，母親在除夕晚上，要點許多蠟燭在樓梯口及倉庫裡，過道上，她說：「今晚老鼠子嫁女，元宵節接女婿，都要點燭的；要不然牠們看不見走路，會咬破東西。」

這迷信不知道從什麼時候開始，每年都這麼做，其實每年老鼠都咬破我們的東西。

年，像流水一般，一年一年地流去了，如今我也到了母親逝世時的年齡，但在我的記憶裡，我永遠是小孩，我沒有老；只是愛我的父親母親呢？他們早已上西天了！唉！……

還鄉夢

一

我走到一處開滿了牡丹花的公園，一陣清香撲鼻，感到從來沒有過的舒暢。

這些牡丹花特別大，特別美，我要挖一棵帶回家去種。

心裡這樣想，立刻又否定了自己的計劃：

不，這是公園，我怎麼可以做小偷？不能叫人家將花送你，也不能用錢收買，還是多看幾下，飽飽眼福吧。

正在我邊走邊欣賞花兒的時候，忽然達明出現在我的身邊。

「走，我們到北海溜冰去！」

他並不看花，挽著我的手就走。

「孩子呢？」

「早在那邊了，勝兒溜得很好，莉兒還不會，摔了好幾跤；可是一聲也不哭，還在嘻嘻地笑著呢。」

我們走到了北海，只見穿著紅紅綠綠的女孩，和翻毛領，短大衣，帶著皮手套的男孩，像喝醉了酒似的東倒西歪地在溜來溜去，冰面上劃著一道一道的刀痕，橫直交錯，形成一幅現代派的鋼筆畫——那是某畫家說的，象徵社會複雜的畫。

「媽媽，你來，你來扶著我溜冰。」

莉兒究竟年紀小，有點膽怯，正張開著雙手在叫我。

「要爸爸陪你溜，媽媽怕摔跤，只能站在一邊欣賞。」

話剛說完，達明並不徵求我的同意，他牽著我的手走進了溜冰場，我的身子輕飄飄地像一隻海燕。我們並沒有管孩子，只是瘋狂地溜，溜，像皮球在玻璃上那麼滾來滾去，真舒服！本來是一雙冰冷的手，如今又紅又熱，額上也冒出熱氣了，我感覺周身溫暖，血液在加速地循環，我彷彿忘記了一切，只感覺快樂，興奮。

「溜冰好玩不？」達明問我，他變得很年輕，看來只有二十多歲的樣子。

「玩是好玩，只是太危險了！」我回答他。

「孩子呢？」

我開始尋找勝子和莉莉。

「哦，在那邊，他們兄妹也像我們兩個一般親熱呢。」

突然一聲尖銳的哭聲傳來，莉莉摔倒了，我連忙向前狂奔，咕咚一聲，我也摔倒了！

二

醒來，才知道這是一場美夢。

奇怪，額上真的冒著汗珠，腿子有點痛，兩只肩膀因為被沒有蓋好，也感覺酸痛，我忙把被子拉上來，用手捶右腿，我閉上眼睛，很想重溫舊夢，但腦筋越來越清醒了，不但睡不著；而且從此失眠。

失眠對我是有益無害的，曾經在二十年前，我有好幾個月，每晚只睡兩三小時，第二天精神還是那麼好。我藉著失眠，構思了許多小說、散文，我覺得只有在晚上，思想才能集中，沒有外界嘈雜聲音的擾亂，沒有人來人往的應酬，一切都靜寂，連自己心跳的聲音，也可以隱約聽到；再加上枕下手錶的響聲，更顯得靜夜的可愛。

平時失眠，我的思想能夠集中想一個故事，或者一個人物；然而今晚不同，我一直想著一個奇怪的賀年卡，這是在陽曆年前收到的。信封上沒有住址，我撕開一看，不覺大大地驚訝起來，兩顆熱淚，猛然滾下來，我看到母親——母親來了，我應該高興，不應該哭的！

我一面自己安慰自己，一面仔細端詳這個特別的賀年卡：那是一張六寸長兩寸寬的賀年卡，上面是先母的相片，在那個橢圓形的黑框裡，先母慈祥的面容望著我微笑，我，眼淚越來越多，滴了好幾點在賀年卡上面。

上面題了「恭祝聖誕，並賀新禧」，後面還有一行小字，寫的是：「一九六一，十二，廿四」，我急於要知道孫先生的地址，好去信向他道謝；同時我一直到此刻都不了解他從什麼地方得到這張相片的，於是我馬上給李靈伽先生去了一信，問他認不認識孫先生；因為去年我曾把先父母的合照寄給李先生，請他繪一幅相，我以為孫先生是在那裡拿著相片的；誰知李先生回信說，他根本不認識孫先生；而且並沒有把相片給別人看過，這麼一來，更使我迷惘了！

今天我接到孫先生一封信，還有一本掉了封面的國文教材，因為上面選了拙作〈兩塊不平凡的刺繡〉，我想一定是孫先生編的。

他的來信說：「聖誕節和新年期間，在您所收到的祝賀卡中，我想一定有許多是非常漂亮大方的，我知道我送您的那張，算不上出色的賀卡；但在先生說來，也許是最特別，最突出的一種，因為那是我為先生特製的，並不適用於他人。」

看完了信，仍然找不出地址，只知道寄自基隆。

三

自從去年十二月二十五收到這張特別的賀年卡開始，我便把它夾在日記裡面，每天晚上就寢之前就要打開日記，先看上至少五分鐘才開始動筆，每次我總覺得母親在對我微笑，向我說話，我感到安慰，也萬分傷心！尤其在這歲暮天寒的時候，更使我想念在大陸過年時的景象，特別難忘的是幼年時代過年的情形：

也許這是我的天性，從小我便愛雪，每年到了冬天，我便盼望著下大雪；有時清晨從夢裡醒來，睜開眼睛一看，屋頂上堆積著一層厚厚的雪，我便趕快穿上棉襖，臉也不洗就跑到後院子去堆雪人，儘管母親喊啞了嗓子，我還是捨不得回來吃早飯。

到了除夕，往往是大雪紛飛，母親在準備著過年，用紅繩紮著年糕，以備送給親友；父親仍然和平時一樣，一卷在手，有時吟詩，有時唸古文；哥哥們卻在替母親安排香案，準備敬神；只有我一個人特別清閒，我在等待著收壓歲錢，等待著拾爆竹，吃糖果，看龍燈、看獅子。

「爸，你看，雪花在打仗呢！」

我指著窗外雪花在大風中亂舞的情景給父親看。

「它們也在慶祝新年。」

父親放下書本和我一同賞雪。

「我是不希望除夕晚上下雪的。」母親說。

「為什麼？」我好奇地問。

「因為有許多人要出去收帳，下雪太冷，也太不方便了。」

「媽，為什麼一定在今天晚上收帳呢？」

「因為這是一年的最後一天，欠了債的都應該還清；有些實在窮苦的人家，還不起債就躲起來，債主找不到他，也只好算了。」

「媽，你欠過人家的債沒有？」

我傻里傻氣地問。

「有時也欠的；多半在過年前就還清了。」

聽了母親的話，我的腦子裡牢牢地記著欠了人家的債，應該在年前還清的。

四

「我欠的債，不能在年前還清，怎麼辦呢？」

此刻我又回到了現實，我難過，我痛苦！我恨為什麼好夢總是那麼短促？醒了就不容易再繼續，我要追尋，追尋方才那個快樂的夢。

我永遠忘不了孩子們在北海溜冰的快樂，也忘不了中山公園開得那麼鮮豔的牡丹花；那裡還有許多金魚缸，每只缸裡養著全世界各種各類，不同形狀，不同顏色的金魚，真是美麗可愛極了！

住在北平的人們是幸福的，星期假日有的是玩的地方，吃的館子；特別是冬天，站在高高的五龍亭上看雪景那才美呢！金黃色，翠綠色的琉璃瓦上，鋪上了一層厚厚的雪，不論是皇宮或者平民住宅，都是一樣地被雪籠罩著。雪是最平等的，它把一切汙穢黑暗的東西都隱藏了，它要使整個世界變得純潔，寧靜，安詳，幽雅。

哪怕氣候再冷，也禁止不了人們冒寒賞雪，他們有的溜冰；有的吟詩；有的踏雪尋梅；有的對雪作畫；我不會溜冰，卻喜歡穿了棉鞋在冰上散步，也喜歡幫著孩子們堆雪人，往往凍得十指通紅，骨節痠痛，還不忍罷手。

來到臺灣將近二十年了，沒有看見雪，使我感到異常遺憾！這幾天氣候特別寒冷，我覺得很高興；因為越冷，越使我想念故鄉，想念故鄉的親友。

頭，開始隱隱作痛了，自然，這是因為想得太多的緣故，以我這幾天的精神過於疲勞來說，失眠對我是大有損害的，我應該馬上睡著，最好能回到方才的夢境。

還好，我唸了十幾聲觀音聖號之後，真的進了夢鄉：

五

我提著一隻又大又新的皮箱，一個人寂寞地走進了我生長在那兒的老家，奇怪，怎麼我進了大門，連一隻雞一條狗也看不見，更不要說人。

——三哥三嫂和姪兒們都到哪裡去了？

我的腦子還記得父母親早已去世，我找遍了每一個房間，裡面黑漆漆地什麼都看不見，只聞到一陣陣的霉味。

——完了！他們都失蹤了！

我仍然提著箱子，跑去墳山尋找父母的墳墓，只見那裡已經開闢成農場了，幾個農夫還在田裡種麥子。

「老伯，請問你：這墳山的棺材移到哪裡去了？」

我問一位白髮的老頭。

「移棺材？你說的什麼？我聽不懂。」

另外一位中年人連忙接著說：

「呵，你是問那些死屍嗎？統統做了肥料。」

「肥料？」

「對了！最好的肥料！」

天呀！我大叫一聲暈倒了！過了很久才醒來。肥料？我痛心！我大哭！我丟了箱子往回跑，我要找他們拼命去！

跑！跑！拼命地跑，當我快要抵達大門的時候，忽然一隻又老又瘦的黃狗朝我狂吠幾聲，我沒有理睬，直向母親的臥室奔去，因為我記得門後面放著一支鳥槍；不料黃狗從後面咬了我一口，左腿立刻鮮血淋漓，我痛醒了！

六

這究竟是夢還是現實呢？也許是一個真實的夢，不管它是夢或是現實，我都願意很快回去，永遠投在故鄉的懷抱，嗅著泥土的芬芳。

可愛的故鄉呀，我永遠記著你四季如畫的風光！

憶二哥

——關於〈鵠磯憶語〉

三哥寫的〈鵠磯憶語〉，我帶在身邊，整整地二十多年了。三十四年的八月十日，日本宣布無條件向我國投降，我懷著滿腔的興奮，在二十幾號一個人首先到了漢口；那時候，水陸交通擁擠不堪，所有交通工具，都被接收大員和軍隊以及政府各級公務人員占去了；我如果不是以《時事新報》記者名義，也絕不會這麼快出川的。

本來我的計劃是到了漢口，先去故鄉（新化）掃墓，然後順流而下，看看劫後的南京、上海、天津、北平，最後去拜見濟南的翁姑；不料一到漢口，就被幾位軍校的老同學扣留了！他們要我主編《和平日報》的副刊，（原名《掃蕩報》，社長是劉威鳳先生，三兄在那裡任總主筆。）無論如何不放我走；後來還兼編《華中日報》副刊，把我忙得頭昏腦脹，喘不過氣來。

為了二哥之死，我與三兄連黃鶴樓都不敢去，實在受不了精神上的打擊。

這篇文章，是我將要離開漢口去北平師大任教的時候，三兄交給我的。在忙碌之中，我草草地讀了一遍，我的眼淚浸溼了他的稿紙，我認為這麼好的一篇抒情文，不應該登在副刊上，應該發表在一本有價值的雜誌上；因為報紙很少有人保存，而雜誌就不同了。三兄也同意我這種看法，所以我一直把它放在稿箱下面，每到過陰曆年的時候，我便把先父的遺書、遺囑；二哥寫給他的女朋友的情書；長兄、三兄的信件，荃姐的遺書以及他們的相片好好地看一遍，然後再收藏起來。

這次為了整理舊稿出版，我又把〈鵠磯憶語〉找出來了，我一讀再讀，覺得再不發表，非但對不起死去的二哥，也愧對陷在大陸生死莫明的三兄，於是我把這篇文章送到《傳記文學》那裡，希望能在「難忘的人」欄內發表。主編先生並回信要我也再寫一點補充，我真是又感激，又高興。

二哥是我文學上的啟蒙老師，當我還在高小一年級讀書的時候，他就寄了胡適譯的《世界短篇小說集》和《新演講集》給我看，並且寫信鼓勵我多看新文藝方面的書籍；其實那時我是一個十足的鄉下姑娘，連文藝兩個字的意義是什麼也不懂，及到後來我考上了師範，二哥患肺病在嶽麓山的道鄉祠和崑濤亭兩處養病，我日夜侍候他，他才告訴我閱讀世界名著和寫讀書心得的方法，我這時才找到了一點門徑，懂得什麼是作品的主題，什麼時代背景，社會背景，結構，技巧以及人物描寫等等。

二哥是一個智慧很高的人，他連讀兩個大學，都有獎學金，每學期的成績，總是名列前茅。為了我投考軍校的問題，他曾經和三兄爭辯得面紅耳赤。三哥反對我當兵，他的理由是：女孩子應該主持家政，做個賢妻良母，不應該拋頭露面去當什麼女兵；而二哥的意見剛剛和三哥相反，他說：

「妹妹有寫作的天才，她一定要過些經驗豐富的生活，才能寫出好的作品；何況軍隊的生活，可以使她的意志堅強，使她的身體鍛鍊得更健壯，意志更堅強！」

就這樣，我終於投筆從戎，考上了中央軍校第六期的女生隊，其實我並沒有寫作的天才，只能說，我對文藝有濃厚的興趣，四十多年來，我非但沒有厭惡過它；而且有愛之彌堅的趨向。我有寫作的決心和毅力，這一半是父親的期望「史續蘭臺祈異日」在支持我，一半是二哥的鼓勵。

「寫作沒有什麼捷徑，更沒有什麼秘訣，有了豐富的生活以後，你就不斷地虛心地寫，寫多了，總有成功的一天！」

二哥的話，時時在我的耳邊響著。

我是家中最小的孩子，上面有三個哥哥一個姐姐，我們五個人的終身大事，都掌握在母親一個人的手裡，自然，我們都沒有好結果，其中尤其以二哥的遭遇最慘。

二嫂是個嬌生慣養的千金小姐，她長得很醜，特別是那一對突出的像金魚眼的眸子，發起脾氣來，只要向你一瞪，包你要嚇得魂飛魄散。她自從嫁到我家，我很少看見她笑過，每天板起副冰冷的臉孔，有時唉聲歎氣，有時嘴裡喃喃地不知道是在唸經還是在背詩。她有潔癖，夏天老是穿著白竹布短衣，黑長褲，假如白衣服上面弄了一點黑的，她寧可洗破也要把黑點除去。

不知怎的，二哥對她沒有一點感情，他常常對我們說：「媽媽是替她自己娶媳婦，不是為兒子討老婆。」

他和二嫂彷彿從來不說話，有時一年回來一次，過了年，馬上就回學校了，媽媽質問他，他總是說：「學校功課太忙，我要爭取第一名，不能不用功。」

過去他沒有交過女朋友，有一次在火車上遇到了我一位女同學任小姐，她長得並不十分美；但高高的個子，瘦瘦的身材，臉上老是浮著甜甜的笑容，走起路來輕飄飄地有一種仙女下凡之感。可能二哥之所以喜歡她，除了外形，還有一個大原因是任小姐的舊文學基礎相當好，她背得許多唐詩、宋詞，自己也會作詩填詞，正在他們過從甚密的時候，我從中破壞了他們的感情！如今想來，我真是難過極了！我成了二哥的罪人，我深深地向他懺悔，二哥九泉有知，他也許了解我當時的一番好意。

由於同學告訴我，任小姐有好幾位男朋友，她是個用情不專的人，我害怕一往情深的二哥上當，所以寫了一封信給任小姐，告訴她二哥是有婦之夫，而且我的母親很厲害，絕對不許可二哥離婚或者娶小老婆的，這麼一來，她只好和二哥斷絕往來了！

當時我的心情很矛盾，很痛苦，我自知對不起二哥；但二哥始終沒有責備過我一句話，他假裝沒有這回事，我真佩服他的涵養功夫！

他的第二個女朋友，又是我的同學舒小姐，比我低三班，名叫舒瑞予，（二哥開玩笑，把瑞改成睡，因為在我們鄉下這兩字的讀音一樣。）溆浦人，愛好文學，有寫作天才。那時二哥因為肺病在嶽麓山療養，我請假休學半年，在山上陪伴他。我的同學常常來山上玩，名義上是探視二哥的病，實際上她們也想來玩玩。與瑞予同來的還有一位皮萱，和我同班，也是位醉心新文藝的人，她們都比我提前剪髮，而且剪得很短。有天晚上，她們玩得太晚了，不能回學校，準備第二天接受訓育處的記過，我連忙寫了一封信去說明外宿的原因，記得那一晚，我們談得很痛快，二哥躺在床上，靜聽我們的談話，他更欣賞瑞予的吹簫引鳳，也許就在這天的晚上，他們種下了愛苗。現在我們來看看他的情書之一：

我至愛的妹妹：

洛陽城裡見秋風，
欲作情書意萬重；
復恐匆匆說不盡，
行人臨發復開封。

現在西天上起了幾片桃色的雲，正是黃昏時候，我趕快拿起筆來寫幾句話給你，上午上了三點鐘的課，下午朋友來談了半天，七點鐘又要開會，這一點空閒時間不要錯過呀！

其實不寫信又有什麼要緊？我每天都看見你的相片，我的心每天要跑到古稻田幾百次，我們的精神是時時在一塊的，不寫信又有什麼要緊呢？但是，但是，我的愛啊！我心愛的妹妹啊！這幾天你受了點寒，身上不舒服，我也心裡很苦。我不知道這是一種什麼感應的力量，現在想你已經大好了，你要快活，我才快活呢。

我的愛妹妹，你不考看護了，我放了心，你想前幾天我是怎樣的著急！我專心專意的愛你，你的事情就是我的事情，所以我幫你也很想得周到，假使我哄你的，我是王八蛋，王九蛋。本來一個人也有一個人的特別情形，所以我同時也諒解你，知道你必定有一種緣故；後來你說因為朋友的關係……（下文遺失）

近來預備功課忙不忙呢？你們快要開同樂會，請幫我送兩張入場券來，因為我有個朋友一同來看。

啊呀！抬頭望著窗外，只見一片明媚清華的娥眉月掛在西天，今天是十月初五了，月缺月圓，時光暗裡流去。愛妹妹，我很想念你，屋內蟋蟀的聲音，外邊織布娘的聲音，都助我的相思，叫我傾注萬斛的幽情，纏繞愛妹妹的左右！

夜七點鐘（中間有客來暫停）

這封信和後面的兩封，都是我從瑞予那裡搶回來的，不知道他們後來因為什麼鬧翻了，二哥要求她退回所有的信件，她回答說：「統統燒掉了！」我不顧一切地跑去翻她的抽屜，找到了這不完全的三封，我把它當做寶貝一般地珍藏，我不懂當時二哥為什麼不向我要同樂晚會的入場券，因為我那時還參加「這是誰的錯」一劇的演出，我飾一個丫頭，名叫鶯兒，我記得很清楚，那晚二哥和他的朋友曹先生坐在第三排，我一眼看見他，幾乎連臺詞都忘了。

那時瑞予要去考看護，二哥不贊成，後來她又不去了，現在我們再來欣賞他的第二封情書：

睡予：

現在我的心裡很粗浮，本不當寫信給你；但寫起信來或者可使我的心安靜一下，舒暢一點；那紛紛擾擾的俗務，真是鬧得太沒有意思！

前晚上月姐羞答答地不肯出來，你不覺得失望嗎？我想你絕不，我也沒有失望，她不出來自然有她的原因；宇宙萬事都有原因；我們應當充分的諒解，不能拿一種私意去猜想一切，或者就生出妒忌厭惡的情感。我有生以來，只覺得月亮給我的安慰最多，從前在晉祠（在山西太原）所作日記有一段云「……忽見一片娥眉之月，斜掛西天，恍惚絕代佳人，與之久別重逢也者，臨泉石，濯溪流，浩歌一聲，潺湲盈耳，安得簫管知音，訴吾之哀怨於嫦娥青女也？」

又作了一首新詩說：

月照著可愛的花朵，
正是地闊天空，萬籟寂靜；
我的愁緒萬端，
我的心思千轉，
怎對得這美景良宵。
梧桐葉寒，楊柳枝冷！
抬頭望望月光，
低頭看看花影，

竟不知自己如醉如癡，
是夢是醒！
……
真的，月亮和我的關係特別深厚，我說不出來，本來我是一個最不會表示的人，我的心情有十分；但只會表示一分。許多的事，只自家傷心吃暗虧，別人不得知道；但我所遨遊的美的世界，也許別人沒有到過。月亮底下要算是最高無上的美的世界了，日光下的東西，可以一覽無餘，毫無深厚的意味；而月亮所照的宇宙沒有那樣明白，恍惚蘊藏著無限的神秘，包含著無窮的妙趣，使我們的想像力也開展無涯，不為現實所拘苦。睡予，你的小說寧近於月亮而不近於太陽，我們讀你的小說，好像讀詩一樣。你不長於描寫，而長於想像和情緒的活動，也足證明你是個浪漫主義家，不是自然主義的人。現在中國的文壇，當然是自然派占勢力；但我很希望有幾個浪漫派的人出來，喚醒我國民的靈魂，你覺得怎麼樣？

那句話隨便你的意思，你愛怎樣好就怎樣好。星期六下午或星期日上午來都聽便，如果是星期日，請早來一點，書要帶來；再你作的對於文學的意見，我也很想看看。十點鐘了，還有別的信要寫，就此告別，天氣寒熱不調，千萬珍重。

陰八月十七夜

二哥的信上沒有寫年，也不署名。我記得這就是我從軍的前一年，民國十四年寫的。他們兩個人的約會，我一點兒也不知道，直到鬧翻了，瑞予才含著淚對我說：「你去告訴你二哥，我是個苦命的人，我沒有資格接受他的愛，叫他死了這條心吧。」「為什麼你要變心？過去，你曾經愛過他，為什麼現在要使他絕望呢？你知道他的病剛好不久，是不能受到這麼大的打擊的。」

瑞予沒有回答我，只是沉默地低著頭在玩弄她的手指。

看了二哥的第三封信，可以想見他痛苦到了什麼程度：（這封信的稱呼被她撕去了。）

有幾句話，本不忍對你說；但現在又不得不說。因為我近來的生活太苦了，你大概不得知道，你能體諒我的心，就要曉得我近來的生活太苦，比黃蓮還苦。我前世總欠了你的眼淚債，道鄉祠流不盡的，現在每在夜深人靜或睡夢初醒的時候，靈機暢茂之中，天良發現的一剎那，又要偷偷地流出眼角。真的，我最能體貼女子的心，不忍傷害；尤其是愛者的心。你的志向究竟是怎樣的？可以明白告我，現在我決不加以阻撓；但你也要解決我的疑惑，為甚麼好久不寫信來。這當然是有緣故的，也許是我的要求太奢；不過也不由得我不生懷疑，我很不明白，究竟你為著什麼事呀？

從前你的信上說：「我的性情你當然了解」。其實我不只是了解，而且完全相信，相信你的人格，你的真情，你的慈心。現在我也要剖開我的心給你看，我只有一個心，我心中只有一個你，你務必相信我對於你是至忠至誠的，這至忠至誠的心，水不能溺，火不能滅，天翻地覆也不能破壞，是比無論甚麼都堅強都可靠的呀！「戀愛神聖」應當如此的。我們都相信戀愛是「神聖」的呀！愛妹妹，這些話，因為恐怕你對於我有誤會，才這樣重覆地說，你總要體貼我的心才好！

愛妹妹，甜蜜的心兒，或苦惱的心兒都由你給我。這十幾天來，天天過磅，不想就瘦了五六磅了，「憂能傷人」，不想這麼厲害！今天開了同鄉會回來，又有客人來來去去，我的頭腦昏了，不能多說，請你給我一封回信，告訴我那些情形。

祝你
愉快，康健。

陰十月二十四日

我真佩服二哥的修養，他受到兩次失戀的打擊，都沒有在我面前流過淚，訴過苦，他只是默默地忍受一切命運給與他的折磨，他不恨女人，也不在文字上流露出失戀的悲哀。當他在十師政治部工作的時候，每個星期日，他都要買些花生米、牛肉乾、蝦米、豆腐乾之類的點心到女生隊來看我；有一次被連長看到了全部沒收，我氣得要死，二哥卻安慰我說：

「沒有關係，不要難過，下個星期我再買來。」

二哥臨死時留下一個手錶給我，特別囑託他的朋友，一定要交到。這是他在山西大學以第一名畢業的成績，省主席閻錫山先生送給他作獎品的。我把它日夜帶在手上，後來終於遺失了，起之我很傷心，後來想想最親愛的二哥都不在人間了，手錶留著又有什麼用呢？

唉！可憐的二哥，你沒有享受過人生的快樂、幸福，你死得那麼慘，那麼淒涼！當你死的前初天晚上，母親夢見你回來了，你沒有說話，也沒有笑容，只顧向樓上走去，第二天樓梯上出現了一堆血跡，太奇怪了，這堆血跡，至今存在我們腦子裡的還是一個謎。

你的屍體運回來了，葬在祖宗墳墓的下面，每年清明都有人替你掃墓、燒香。不久二嫂也去世了，家裡為你撫養了一個男孩做你的兒子，我想現在你應該早已有孫子了吧？但願你在九泉下，早已和父母、大哥、姐姐見面，也許你已經第二次來到這世界；而且成為最快樂最幸福的人。

那麼，親愛的二哥，讓我擦乾了眼淚為你深深地祝福吧！

附錄

鵑磯憶語

贊　篁

昔人已騎黃鶴去，此地空餘黃鶴樓，
黃鶴一去不復返，白雲千載空悠悠！
——崔顥〈黃鶴樓詩〉

抗戰勝利後來到武漢的一個月間，這已是第三次的遊黃鶴樓了！「黃鶴樓」，這富有歷史性的勝蹟，富有文學意味的名詞，是多麼地引人入勝！可是我，是最怕登臨此地的；每次來遊，總是拖著沉重的步子一級一級地徐徐踏上，內心總不免淒涼寂寞，有「青衫掩淚再來看」之感。雖然這次是和冰妹伊弟同來，帶著兩位外甥，不時逗著小孩嘻笑；然而外表的粉飾，終究掩不住我內心的悲哀！

往事追懷，歷歷如在目前一樣：

是民國八年的初秋，我由故鄉新化趕來投考國立武昌高等師範；不幸，旅途障礙，遲到一天，該校已經考過了，在這時期，不花錢而能求比較高深的學問的，就只有四個國立師範——北京、南京、武昌、廣州四個高師，學膳書籍制服都是由學校供給——所以每次招生，沒有補考的機會；我既然遲到一天，就只有望洋興歎，悵恨無已；因為那時的家境，決不容許有兄弟兩人同時就讀大學的經濟負擔，這時二哥正在中華大學唸書，住在糧道街的一家鴻儒客棧，知道我心中的苦悶，便每天於課餘之暇，陪著我遊黃鶴樓，覽江漢之滔滔，望晴川之歷歷，指點大別山光，鸚洲草色，背誦古人詩句，以遣餘懷。每於暮色蒼茫之中，緣蛇山頂上，繞抱冰室，閱馬廠，而返室自修。這樣，很愉快地過了幾天，二哥依依不捨地送我到黃鵠磯頭，他為了怕耽誤上課的時間，折返學校，我便一個人獨自搭輪返湘了。

「有志竟成」，在翌年的秋季，我畢竟進入了武昌高師的門牆；可是二哥這時已轉入國立山西大學，他來信祝賀我成功，鼓勵我上進。過了些時候，我們便開始討論學術問題、社會問題，以二哥之析疑解難，循循善誘，使我受益良多，進步很快。我每和朋友散步蛇山，或黃鶴樓的時候，便深深地懷念我的二哥。

在我所接觸的士人當中，像二哥的天才與德性是很少見的。他由舊制中學到大學的本科畢業，從來不出前二名，每期都是免費，不僅國文很好，英德文都好；不僅哲學造詣很深，詩詞亦擅臻勝。這裡我記下他的一首〈太原除夕懷兄弟〉的古詩：

除夕沉沉夜已深，滿城喧豗爆竹音，夢中驚覺黯無覩，萬里懷人離別苦，明朝又復到新年，兄弟三人猶未聚。未聚何為重自傷，一年難得月同堂，風雨聯床懸宿約，壎篪叫韻愛瓊章。在家不覺同居好，別來思念心如擣！佳節茱萸異地身，江南春夢池塘草！他人巧笑徒便便，兄弟無言默已傳；他人滿臉應酬氣，兄弟情真意更摯；況我兄弟皆不凡，千載遇合聯衾衫。吾兄良驥稱幹棟，春風灑灑冰解凍；吾弟騂騮正從容，天然出水碧芙蓉，同德同心勿懈怠，愚公移山川學海。魯陽衛國待揮戈，老萊娛親尚戲綵。勉圖樹立育良才，荏苒流光去不回，嗟予作此誌孔懷，後園棠棣應早開。

他在中大西大都是主編校刊，創辦《新共和》雜誌，溝通中外文化，討論社會問題，對學術界的貢獻很大。畢業後，執教山西太原進山中學，兼省府編譯，旋以梁漱溟先生之約，主講曹州高中，極為熊十力、梁漱溟諸先生所推重，著有《哲學概論》、《人生哲學》等書。性至孝，曾考取留學，以父母不同意而止。歸里省親，道經漢上，我與劉晉忠、曹贊華兩君陪遊黃鶴樓，於顯真樓共攝一影，二哥題名「鵠磯偶集」，現在這張像片我還珍藏著哩。

民十四年，我在湖南一師、明德、嶽雲等校任課，約二哥回湘，以便朝夕晤聚；他於十五年一月欣然地來到長沙，主講一師、明德；可是因為用思過度，不到半月，便吐血了；幸虧冰妹細心看護，醫藥調養得宜，在嶽麓山崑濤亭休養數月，漸告痊癒。誰知恢復健康之後，二哥思想突然轉變，決心參加國民革命工作；恰好這時北伐進展，陳真如部克復武昌，陳先生是梁漱溟、熊十力先生的好友，他的左右如黃良庸、王平叔諸君都是二哥在曹州高中的同事，就把他也拉入了鐵軍，擔任武漢衛戍司令部和四軍政治部的秘書，工作精神至為興奮；在這時候冰妹亦再度考入了黃埔軍校武漢分校，(她第一次以鳴岡的學名考取，因代表同學有所請求被開缺，第二次始以筆名冰瑩重新考入。)只有我仍留在長沙擔任文化教育工作，每次接著二哥和冰妹來信，都是熱烈的，愉快的，充滿革命的情緒。在十六年的二月裡，我特地跑去看他們，替冰妹請了一小時的假，在糧道街喫了一碗炒麵，在抱冰堂看了一下剛欲著苞的碧桃；在黃鶴樓拍了一張三人的武裝合照，大家快樂得什麼似的！唉！誰知這一聚晤，就成為我與二哥的永訣，這一張像片成了永遠的紀念品呵！就在這時期不久之後，寧漢分裂，陳先生離開武漢，就任南京總政治部主任，二哥以友誼的關係，偕往擔任秘書，繼又被派主持四十四軍的政治工作，隨軍北伐，轉戰淮肥徐海一帶，溽暑長征，積勞成疾，而咯血病復發了。

二哥的責任心是很重的，在吐血期間，還繼續不斷地批閱公文，撰擬宣傳稿；他的操守很是廉潔的，在公費領不來的時候，曾將他的薪俸來公開使用；同時他的情感是很深厚誠摯的，在他病中的日記裡面，寫有這樣關於我的一頁：

晨起咳血稍好，憶今日為吾三弟生日，採得雞冠花數片，欲以寄之，作詩一首：

採得雞冠花，欲寄與三弟，三弟在楚南，遠隔三千里，遙遙一片心，寄與花中了。

採得雞冠花，欲寄與三弟，人若此花紅，更比此花美，熱血正沸騰，灑遍三江水。

這時寧漢裂痕日深，東征西討，交通斷絕，郵信不通；某一個晚上，突然接到冰妹一封慷慨激昂的信，說她們女生隊將奉令出發，深以戰死沙場為榮，我那時正懷念二哥，而冰妹又將遠別，遂將她的信加上幾句按語交排字房後，立刻跳上了開往武昌的夜快車。（這封信後來收在《從軍日記》裡面）。

第二天，我到達女生隊的會客室時，冰妹很驚奇我來的神速，別的同學也暗羨她有這麼一位關懷的親屬趕來送行；可是我們彼此互問二哥的情形，都是渺無音信，不禁悽然隕涕！在寧漢相持中，北伐工作幾告停頓，津浦線的孫（傳芳）張（宗昌）部隊乘機反攻，偷渡長江，首都為之震動；幸龍潭一役，轉敗為勝。受了這次教訓，加以清黨主張一致，雙方言歸於好，這時冰妹已回到家中，而二哥則正在南京養病。

是秋節後的一天，二哥來了一封快信，概略地報告他的工作經過，和現在龍蟠里養病的情形，要我轉稟父母，不要懸念。我讀了之後，欣然如獲至寶，因為數月來才得到這第一封信；而且字跡清秀，不像病重似的，但末尾有幾句話是：「麓山秋景，徒縈夢想，長天西望，我勞如何。」當時好友易希文兄看了笑道：「贊堯的信，總是這麼富有詩意的。」然而我心裡卻感到一種沉重的難過，又誰知這兩句話，竟成了不幸的讖語呢！

過了十天，恰恰是大哥的生日，我為他備辦酒肴，準備下課後暢飲，不意剛上完第一節課，傳達送來兩封電報，情知不好，急忙譯出一看，文曰：「堯兄病重，速來！」

我那時淚眼模糊，再沒有勇氣翻第二個，經曹贊華兄代為譯出，他不知不覺地發出了「唉」的歎聲，我顫抖地接過一看，「堯兄病故，速來！」六個大字赫然呈現，完了！一切都完了！晴天霹靂將我擊得昏昏沉沉，曹、易兩兄也陪著滴了不少的眼淚。

在當天下午，我踏上了駛往漢口的輪船，當我望到黃鶴樓時，引起過去的回憶，心緒悽愴，很想跳入江中，追隨二哥於泉下……。

到了漢口，我迅速轉船，直抵白下，找著二哥的朋友，在關岳廟中拜奠了靈柩，在蔡花園泣讀了遺書，那未完的絕筆，特別使我傷心，永遠使我思索。

三弟手足：吾兄弟何意從此永訣耶？鳥之將死，其鳴也哀；人之將死，其言也善；況吾兄弟以手足之情兼師友之誼，今當永訣，安能不以吾志述事期於吾弟，而徒效兒女子涕泣耶？吾博學多通，年來經驗稍富，正思為國家效勞；而立志不凡，性情高潔；尤差堪自信者，願吾弟則之法之，認清人生之價值，做一頂天立地之完人，而勿沉淪於物欲中也，茲所約者，共有三端：

一、努力實現三民主義，三民主義為救中國之唯一主義，溯自「五四」運動以來，各種主義蠭起，如無政府主義，共產主義，國家主義，工團主義，基爾特社會主義，乃至江亢虎之社會民主主義……。

這是多麼從容的態度，多麼偉大的遺言，多麼誠摯的啟示，當我默念他的遺書的時候，模糊的淚眼彷彿看見二哥魁偉的容貌，瀟灑的風度，懇摯的心情，毫無半點疲病虛弱的氣象；可是，天哪！為什麼對我這麼殘酷？為什麼不讓他寫完呢？在第一端的下文，我知道是對各種主義的批評，對三民主義的實踐；但其餘兩端，究竟是什麼呢？

二哥！我知道了！我在你的靈前曾經這樣地跪禱過，假使我設想不錯，你應當給我以勇氣來實行，假使我設想錯了，你應當在夢中來糾正，大概是不會怎樣錯的吧？

二哥，你是很孝順父母的，很疼愛冰妹的，你的早死是深引為遺憾，所以第二點，一定要我繼續你的遺志，孝於雙親，友於兄妹吧；同時，我們兄弟真所謂「以手足之情兼師友之誼」。你常是殷殷勗勉，循循誘導，希望我在學術上有所成功，在著述上有所表現，熊先生亦嘗以此為言，這當是你所約繼述的第三件吧！

二哥！我是遵照你的話做的，在運回你的靈柩之後，我便參加北伐了；只是這十八年來檢討我的一切，我真愧憾，我沒有完成你千分之一的希望呵！德不加修，學不加長，無補於國，有愧於親，這便是我最切實的供狀；可是對於你約定的第一點，我始終是篤信力行，未嘗一日殞越；而想像的第二點呢？二哥，你該知道，母親於二十六年春季逝世，父親亦於三十一年秋季棄養。你是最能孝順的，所以先驅狐狸於地下，現在該是融融洩洩，相聚一堂；只是我與冰妹長為無父，無母之人了！

「死去原知萬事空，但悲不見九州同；王師北定中原日，家祭無忘告乃翁！」二哥，父親與你都是有這種觀念的。你之死，北伐還沒有完成，母親之死，正當抗戰醞釀的時候，父親之死，則正在抗戰緊張的當中，大家只知道父親是理學家，是著作家，而不知他是多麼前進，多麼愛國：他鼓勵我和冰妹直上沙場，他做著〈討倭寇檄〉文和許多讚詠抗戰的詩句。所以我在去年敵寇投降，同時是我三年服滿之際，特地祭告父母，以慰在天之靈，二哥想當陪同一笑吧！

我現在懷著一顆希望之心，重來武漢工作，唉！漢上琴臺，知音何在？雪泥鴻爪，感慨徒滋！黃鶴杳然，大江東去，西風嫋嫋，白雲悠悠。我還是實行二哥所約的第三項，回到家鄉，整理父親和你的遺書，精讀那幾萬卷藏書，或可稍減我的苦痛，以贖我的罪愆呵！……

冰瑩懷舊

謝冰瑩　著

本書多為作者對故人的追念文章。作者生平向以真心待人，不論是至親或僅是一面之緣的朋友，天人相隔的哀痛對作者而言都是難以釋懷的凝重。筆之為文，字字泣血、句句帶淚。性情中人讀之，必有所感。

綠窗寄語

謝冰瑩　著

本書為作者受歡迎散文集之一，收錄她與讀者、朋友間交流的書信，有的是指引青年的公開信；有的是給女性朋友的私房話；有的是文學創作經驗談；有的是解決情感問題的獨到見解。全書以書信體呈現，與讀者通信中，作者像朋友般，用豐富的閱歷與淺近的文字，親切地回答每個疑問，內容實用且溫暖。

舊金山的霧

謝冰瑩　著

此書為作者先後二次往美國去後所撰寫。有關美國文教生活介紹得特別詳細，諸如：大學生、研究生、中學生、小學生的生活，以及社教方面的；地方性的招道——西雅圖之夜、舊金山之旅、狄斯奈樂園、東京的百貨店、香港的颱風、夏威夷天堂公園等均屬佳作。

冰瑩憶往

謝冰瑩　著

記憶裡可能儘是些牽牽絆絆的事物，然而它也可以成為我們面對生活的力量。作者以清逸的文章，追述往日的點點滴滴，在歲月的流逝中，更堅定了她對創作，對生命永不懈怠的信念。

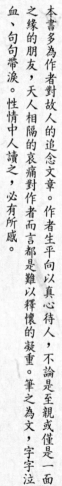

作家與作品

謝冰瑩 著

月旦人物，臧否文章，並非一定都是冷靜的陳述；懷恩的心情，謙和的筆調，也許更能引發人們的共鳴。作者以溫婉的筆調，描寫她所接觸過的作家與作品，並抒發一己之感，不以深奧的理論炫人，而意韻自然深刻雋永。

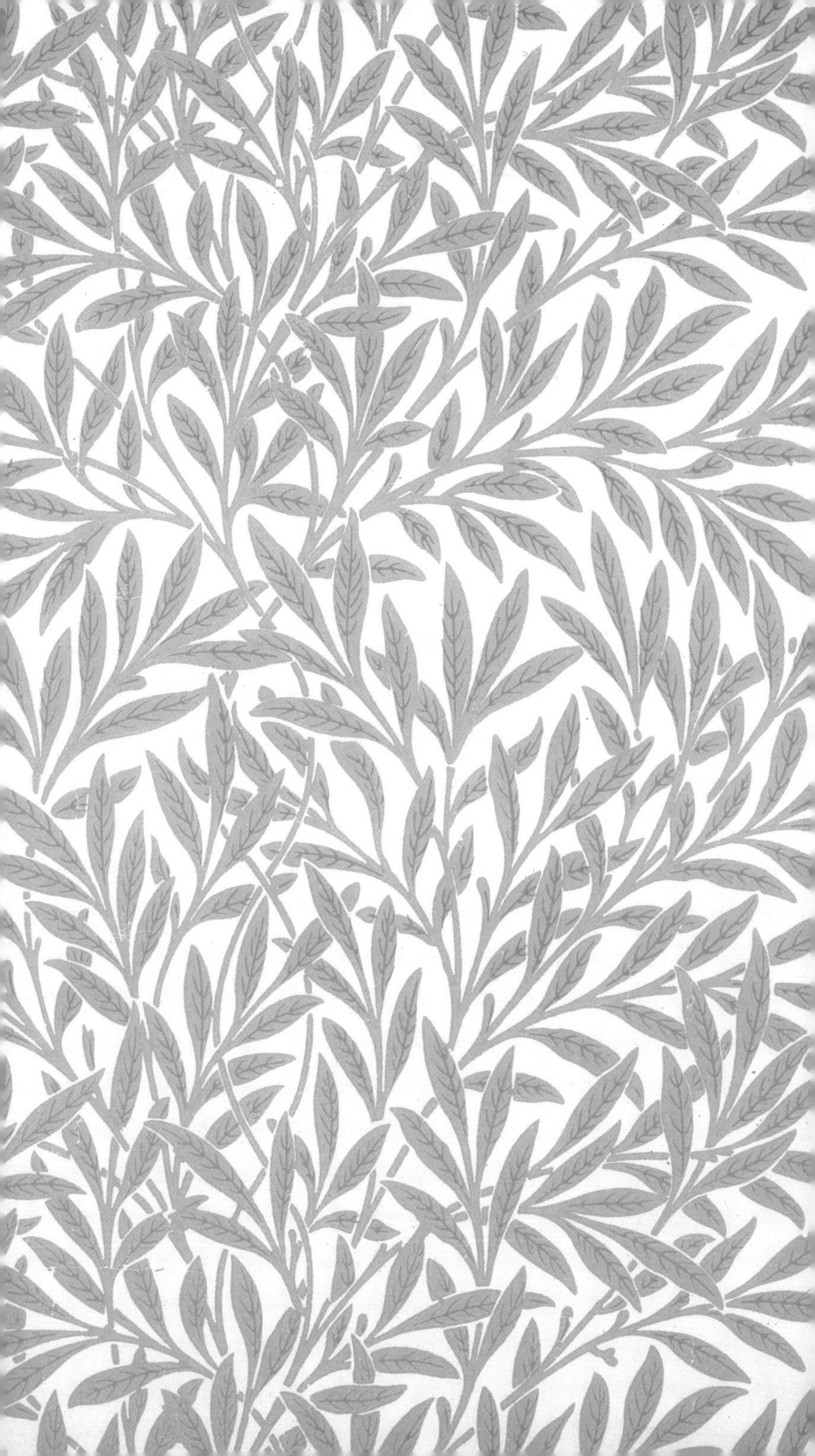